ACTUALITÉ POLITIQUE. — GUSTAVE ORLAY.

L'AUTORITÉ & LA LIBERTÉ

OPPOSÉES AU

DESPOTISME DU NOMBRE

PARIS
J. FÉCHOZ, LIBRAIRE-ÉDITEUR
5, Rue des Saints-Pères, 5

1874

L'AUTORITÉ & LA LIBERTÉ

OPPOSÉES AU

DESPOTISME DU NOMBRE

ACTUALITÉ POLITIQUE. — GUSTAVE ORLAY.

L'AUTORITÉ & LA LIBERTÉ

OPPOSÉES AU

DESPOTISME DU NOMBRE

BORDEAUX

IMPRIMERIE NOUVELLE A. BELLIER

16, rue Cabirol, 16

1874

AVANT-PROPOS

Ma seule ambition, en faisant paraître ce petit ouvrage, est de mettre à la portée de toutes les intelligences la résolution du grave problème qui agite en ce moment les esprits.

La France est à la recherche d'un bon gouvernement ; elle semble hésiter dans son choix : la passion, le mensonge, la calomnie impudente viennent journellement, sous des formes multiples, troubler sa raison. J'ai eu à cœur d'arriver à la vérité par l'étude des principes en eux-mêmes, sans m'occuper des partis qui divisent la France.

Après avoir étudié les principes au point de vue philosophique, j'ai pris l'histoire en main et me suis fait une opinion en suivant ce sage précepte que l'on juge un arbre par ses fruits.

Avant tout, je suis Français, et si je préconise telle ou telle forme de gouvernement, c'est que, à la suite d'une étude faite sans parti pris, sans préjugés, j'ai acquis la conviction intime que cette forme de gouvernement est seule en harmonie avec la tradition nationale, nos mœurs, nos libertés, notre situation au milieu des monarchies d'Europe, et représente en France le principe d'Autorité, sans lequel toute nation est fatalement vouée à la ruine en passant par l'anarchie et le despotisme.

CHAPITRE I

DE L'ORIGINE DE LA SOCIÉTÉ

La Société existe : de fait elle a des lois plus ou moins bonnes, et suit l'impulsion d'une autorité bien ou mal constituée. Il semble donc tout d'abord parfaitement inutile de rechercher la cause qui a produit la Société. Au lieu d'aller vous perdre dans des considérations philosophiques, me dira-t-on, vous feriez mieux de nous indiquer le moyen pratique d'arriver à un bon gouvernement.

Sans doute, mais qu'il s'agisse d'un édifice matériel comme d'un édifice moral, pour bien construire, il faut établir de solides fondements ; il faut éviter avec soin de discuter sur un sujet sans le connaître à fond, il arriverait sans cela de raisonner dans le vide, à tort et à travers. Pour savoir quel est le vrai principe du gouvernement de l'Etat, il faut d'abord étudier la Société en elle-même, la bien étudier, la bien connaître.

La Société est malade, et ceux qui ont la prétention

d'être ses médecins doivent se rendre parfaitement compte de sa constitution intime, dans la crainte de lui appliquer des remèdes pires que le mal.

La Société a-t-elle son origine première dans un contrat librement intervenu entre les hommes ? Est-elle, au contraire, une institution divine, en ce sens qu'elle est le résultat et la conséquence forcés des sentiments intimes et des besoins impérieux de notre nature même ?

De la réponse à cette question découle naturellement le principe du gouvernement, de la Société, de l'Etat.

Et d'abord, l'homme lui-même est-il une production des lois inconscientes de la nature, ou bien est-il la production d'une activité divine appliquant des lois raisonnées au monde ?

Ces questions sont essentiellement connexes. Si l'homme a pour père le hasard, si Dieu, créateur et ordonnateur suprême de la nature, n'existe pas, l'homme n'a d'autre maître que lui-même, ne connaît pas de volonté supérieure à la sienne ; la liberté est sa seule loi *naturelle*.

Dans ce cas, la Société n'est pas une des conditions nécessaires de notre manière d'être ; et si, en fait, les hommes se sont constitués en société, c'est uniquement par une libre disposition d'eux-mêmes.

C'est la doctrine de Jean-Jacques Rousseau, un des philosophes athées qui peuvent revendiquer la paternité de la Révolution. Suivant lui, la Société est le résultat d'un contrat librement intervenu entre les hommes.

Voilà le principe : quelles en sont les conséquences ? Il n'y a pas de loi supérieure à la volonté des contractants : l'état naturel est l'état de liberté absolue ; ainsi l'homme ne connaît d'autres lois que celles qu'il veut bien s'imposer à lui-même : famille, propriété, justice sont des institutions variables à son gré.

Un contrat se formant par le consentement des contractants, le contrat social devra être perpétuellement renouvelé par le consentement de tout individu arrivant à la pleine possession de lui-même, autrement dit à sa majorité. A ce moment, l'homme libre, en méconnaissant les lois de la Société, exercera un droit naturel, légitime, imprescriptible, celui de revenir à l'état primitif de liberté absolue. En outre, dans une Société semblable, la majorité possède-t-elle le droit de s'imposer à la minorité ; celle-ci ne conserve-t-elle pas toujours le droit permanent de se soustraire à la majorité pour revenir à l'état naturel ?

Dans de pareilles conditions, me répondent les révolutionnaires, une Société quelconque est impossible ; aussi, une des clauses du contrat social est que tous les hommes font le serment de se soumettre aux décisions de la majorité.

Pour ne pas compliquer le problème, nous ne traiterons pas la question de savoir si, nonobstant tout engagement contraire, la nature l'ayant doté d'une liberté sans règles, d'une volonté sans lois, l'homme peut valablement aliéner à perpétuité la libre disposition de lui-même et surtout de sa postérité.

Admettons que la Société ainsi formée ait le droit de se faire obéir de tous : où en arrivons-nous ? A la loi absolue du *nombre* : à la souveraineté absolue du peuple.

Voilà le principe de la Révolution.

Eh bien, je prétends démontrer que cette solution est complétement fausse, que ce principe est la négation même de la Société.

En effet, si le peuple est souverain absolu, il a seul le droit de se gouverner : par quelles institutions sauvegardera-t-il son droit ?

Si le peuple est peu nombreux, répandu sur un territoire restreint, il se réunira en comices pour traiter de ses affaires et votera lui-même ses lois.

Mais si le peuple est nombreux, dispersé sur un vaste territoire, il lui sera complétement impossible de délibérer en commun ; une Assemblée de mandataires élus est par conséquent la première institution nécessaire.

Mais dans ce cas, les mandataires ou représentants du peuple peuvent-ils substituer leur collectivité au peuple lui-même ? Evidemment non, ce serait alors la négation de la souveraineté de leurs électeurs, souveraineté qui doit rester intacte sous peine de devenir une conception purement théorique, sans application effective.

Les représentants du peuple dans ce système ne peuvent être logiquement que les porte-voix de leurs mandants : ils sont contraints de se soumettre scrupuleusement au mandat impératif. L'institution et la stricte exécution de ce mandat peuvent seules garantir efficacement la réelle application du principe de la souveraineté du peuple.

Si les représentants restaient libres dans leur action, s'ils pouvaient substituer leur propre autorité à l'autorité dont ils émanent, si leurs actes ou du moins leurs votes n'étaient pas dictés par la souveraine volonté de leurs électeurs, ceux-ci pourraient se trouver alors en présence de faits accomplis sans leur concours réel, faits accomplis dont l'existence rendrait le plus souvent illusoire leur absolue souveraineté. Or, le mandat impératif prévient cette substitution des volontés personnelles du mandataire à celles de son mandant.

Mais, allez-vous me dire, il est impossible de prévoir tous les votes qu'un représentant est appelé à émettre : Je conviens qu'en fait, cela est difficile; j'accorde même que c'est impossible.

Donc, il y aura des votes qui n'auront pas été prévus ; les représentants ne peuvent logiquement émettre ces votes que sous la garantie de la sanction populaire par voie de plébiscite : aussi les affaires spéciales pour lesquelles interviendront ces votes seront, si on veut, arrêtées en principe, mais n'auront de solution légale qu'après la sanction populaire.

Ainsi, le gouvernement doit se résumer en une seule Assemblée, élue sous le mandat impératif par le suffrage universel, et choisissant dans son sein un pouvoir exécutif n'ayant d'autres attributions possibles que la fidèle exécution des lois votées par l'Assemblée ou sanctionnées par le peuple.

Toute autre institution, Chambre haute ou Sénat, devient une entrave injuste et tyrannique, une véritable usurpation.

Le peuple ne connaît d'autres lois que la fidèle expression de ses volontés suprêmes ; il n'y a pas de règles fixes venant limiter sa liberté.

Les règles qui régissent la famille, la propriété, la

transmission héréditaire des biens, fruits du travail et de l'épargne, existent seulement parce qu'il le veut bien, mais sont soumises à son caprice, et variables à sa volonté.

Les décisions d'une Assemblée ne peuvent, en aucune façon, lier l'Assemblée suivante : le peuple lui-même n'est pas lié par ses décisions de la veille.

En un mot, comme l'a très bien dit M. Naquet, député radical, partisan convaincu de ce système : « La souveraineté du peuple est le provisoire perpétuel, » ou, en d'autres termes, suivant M. Rouher : « Les morts ne font pas la loi aux vivants. »

Tout pouvoir héréditaire est donc en contradiction flagrante avec le principe de la souveraineté du peuple.

Seule, la forme républicaine est compatible avec le principe que nous venons d'étudier; seule, elle est compatible avec les institutions qui en sont la conséquence, et sans ces institutions essentiellement et perpétuellement provisoires, la souveraineté du peuple n'est qu'un mot ronflant, un mensonge, une idée creuse, de la poudre d'or jetée aux yeux des nigauds et des imbéciles.

Mais la république, ou provisoire perpétuel, est l'instabilité à l'état d'institution légale, c'est l'anarchie continuellement suspendue sur la tête d'une nation comme une épée de Damoclès, c'est la ruine à courte échéance !

Ce n'est pas autre chose; les faits, dans l'histoire, se joignent à la logique pour nous le démontrer pleinement. Ce système n'est donc pas admissible.

Etudions maintenant le système opposé.

Ce système repose sur l'existence d'une activité divine ayant donné des lois ordonnatrices et conservatrices aussi bien au monde moral qu'au monde matériel.

Parmi ces lois, il en est une qui produit la Société. Cette loi se traduit chez l'homme par le penchant irrésistible qui le porte à vivre en relations avec ses semblables.

Ce penchant mis en nous par Dieu est la garantie de notre conservation, de notre développement; il répond à deux nécessités de notre être essentiellement imparfait et faible : le développement intellectuel par la communication des idées; le développement physique par la réunion des énergies et des forces individuelles pour lutter contre les dangers dont la nature nous environne, pour tirer aussi de cette même nature toutes les ressources qu'elle nous offre pour notre bien-être.

L'état de Société n'est donc pas le résultat d'un contrat libre, mais une nécessité qui s'impose à nous, une des conditions de notre conservation, la manière d'être qui nous est naturelle.

Dieu, en nous créant pour vivre, nous développer et nous perfectionner en société, a nécessairement tracé des lois pour l'ordre et la direction de la Société. Ces lois, Dieu ne les a pas inscrites dans des codes, des monuments matériels, périssables, mais il les a gravées dans notre cœur ; il les a, pour ainsi dire, inscrustées dans notre moi.

Ces lois, comme toutes les lois de la morale et de la justice, sont supérieures à notre volonté, indépendantes de notre pouvoir, nous dominent, nous conduisent, quand nous leur obéissons, à l'ordre et à la paix : il nous est ainsi donné d'arriver, par le développement normal de nos facultés physiques et intellectuelles, à la somme plus ou moins grande de bonheur, que notre nature et les éléments dont nous sommes environnés sur la terre nous permettent de nous procurer.

Les Sociétés ont leurs lois immuables, lois qui leur ont été imposées par le Créateur dans l'intérêt de leur propre conservation, de leur perfectibilité, et il arrive que les Sociétés tombent en décadence, en dissolution, si elles veulent s'y soustraire.

De même le monde tomberait dans le chaos si l'harmonie de ses lois était détruite.

Mais où puiserons-nous la connaissance des lois sociales ?

En interrogeant notre conscience individuelle? Ce serait une méthode rationnelle mais peu sûre.

L'homme pris individuellement, quelle que soit sa perfection et sa science, n'est pas infaillible.

Où pourrions-nous mieux étudier les lois de la Société que dans le développement social lui-même ? Là, nous verrons l'Humanité suivre la main qui la guide, obéir instinctivement aux inspirations de sa conscience.

L'homme a son origine dans la famille, l'Etat ou la Société dans l'alliance et la multiplication des familles. La famille est donc la base et l'image de la Société:

Quels sont les principes primordiaux de la famille, les lois essentielles à son existence ?

Ce sont : 1° l'autorité incontestée du père s'exerçant dans l'intérêt commun ; 2° le mutuel respect entre familles des droits justement acquis, de la propriété, résultat traditionel du travail et de l'épargne.

Ainsi dans l'Etat, il faut une autorité respectée s'exerçant dans l'intérêt de tous indistinctement, sauvegarde de l'intérêt général, de la famille, de la propriété , de la dignité et de la liberté individuelles.

Vous parlez de liberté, s'écrient les révolutionnaires, mais votre principe d'autorité supérieure à la volonté humaine est la négation de la liberté !

Je dis et je le prouverai, que l'autorité d'essence divine est la consécration de la vraie liberté, et que votre loi du nombre est au contraire la négation brutale de cette liberté sainte, dont le nom sort à tout propos de vos lèvres.

Oui, l'homme est né libre, mais soumis à des lois supérieures ; il est né tellement libre *qu'il peut de fait se soustraire à ces lois* que Dieu lui a imposées dans l'intérêt de sa propre conservation.

Mais si l'homme est né libre, il est aussi né raisonnable ; sa raison est le guide de sa liberté, et sa liberté c'est sa gloire.

Or, la raison montre à l'homme les vérités, les principes primordiaux de la famille dont nous venons de parler, et, s'il a souci de sa dignité, il doit s'y soumettre et les accepter en vertu de sa liberté, parce que ces lois et ces principes sont les garanties non-seulement de sa conservation, mais de sa fonction, de sa destinée.

Ainsi les lois des Sociétés se résument en deux mots :

Autorité et Liberté !

Sans autorité et sans liberté, anarchie ou despotisme qui conduisent : celui-ci par le désordre matériel et moral, celui-là par le désordre moral, à la dégradation et à la ruine.

CHAPITRE II

AUTORITÉ ET LIBERTÉ

Nous venons de voir que l'Autorité légitime est celle qui naît de la force même des choses, celle qui vient de Dieu.

Dans la famille, l'Autorité du père s'impose aux membres qui la composent comme une loi divine, de même dans l'Etat le principe d'Autorité est une loi divine.

C'est vrai, l'homme est né libre, mais au-dessus de lui il a un maître, ce maître c'est Dieu : en s'inclinant devant Dieu, l'homme ne porte atteinte ni à sa dignité ni à sa liberté, parce que Dieu est tout à la fois et son maître et son père. Dieu lui-même, dans son amour, n'a pas voulu que la soumission de l'homme fût un acte forcé et lui a donné la Liberté.

Lors donc que l'homme s'incline librement devant les lois divines, il sauve sa dignité, il s'ennoblit.

En principe, les hommes sont égaux, et nul parmi eux ne possède en lui-même le droit de commander aux autres ; ainsi toute Autorité venant de l'homme est une tyrannie, est la négation de la dignité et de la liberté humaines.

De ces deux choses l'une : ou l'Autorité vient de Dieu, ou il n'y a pas d'Autorité.

Il n'est pas vrai que l'Autorité du père ait sa source dans la volonté des membres de sa famille ; il n'est pas vrai dans l'Etat que l'Autorité trouve sa source dans la *seule volonté* du peuple.

En affirmant que la loi, que l'Autorité sont athées, on leur enlève le droit de se faire obéir : en proclamant la souveraineté absolue du nombre, on tue du même coup l'Autorité légitime et, par conséquent, la Liberté.

L'Autorité d'essence divine respecte notre Liberté et nous amène à obéir par la raison; l'Autorité d'essence humaine, née de l'orgueil des hommes, est la loi du plus fort, la volonté capricieuse du plus grand nombre s'imposant par le fait et par le fait seul à la minorité, *c'est l'homme obéissant à l'homme*, c'est la négation de l'Egalité.

L'homme ne possédant pas en lui-même le droit de commander à l'homme, si dans le fait les membres d'une Société choisissent certains d'entre eux pour exercer l'Autorité, cette Autorité ne vient pas de ceux qui la leur reconnaissent, cette Autorité vient de Dieu, parce que Dieu a produit l'homme pour vivre en famille, en société, et que ni la famille ni la société ne sont possibles sans l'Autorité.

Ainsi donc, révolutionnaires, vous qui prenez pour devise : Liberté, Égalité, votre doctrine est en contradiction formelle avec votre devise : quant à la Fraternité, nous n'en parlerons pas, nous savons comment vous l'entendez et surtout la pratiquez.

La Révolution française a été le triomphe des principes athées de Rousseau sur le principe chrétien : le triomphe du système ne reconnaissant d'autres lois que la raison et la volonté humaines sur la doctrine si noble de l'Autorité divine, autorité qui seule peut sauvegarder notre dignité en nous tenant à égale distance de la servitude et de l'anarchie.

Les doctrines philosophiques du XVIIIe siècle, d'où est sortie la Révolution, exercent encore une influence désastreuse, malgré les leçons de l'expérience. Le mal est surtout dans l'ignorance. Le principe d'Autorité n'est pas compris, et la Révolution, en le travestissant et le dénaturant, en fait un épouvantail fantastique ; ainsi trompés par des mots, effrayés par des chimères, égarés par le mensonge ou attirés par de dangereuses utopies, beaucoup d'hommes se rejettent vers le principe anarchique et brutal de la souveraineté du peuple. Ce mot éblouit au premier abord, flatte l'amour-propre, la vanité; il séduit parce qu'il n'est pas compris, de même que le principe de l'Autorité effraye, parce qu'on ne le comprend pas. Aujourd'hui, malheureusement, on n'approfondit rien : la passion, l'orgueil, l'erreur aveuglent beaucoup d'esprits : un mot fait peur, un mot rassure.

Aurai-je réussi à dissiper des terreurs chimériques, à faire comprendre le sens vrai de ce que l'on entend par *Droit divin?* Je l'espère, et c'est dans cet espoir seul que je me suis décidé à prendre la plume.

Les révolutionnaires combattent avec des armes déloyales; ils ont Voltaire pour maître. Voltaire, l'homme le moins Français de France, l'ami du roi de Prusse, et celui qui a dit : « Mentez, mentez bien, mentez encore, il en restera toujours quelque chose. » Nous, nous combattons pour la vérité, pour confondre le mensonge ou l'erreur.

Après avoir traité de la Société au point de vue purement métaphysique, après avoir établi que l'*Autorité est d'essence divine*, nous allons passer à l'étude de l'*exercice de l'Autorité*. Je n'ai pas la prétention de traiter en détail toutes les questions qui touchent à la constitution d'un gouvernement, je laisse ce soin aux spécialistes.

Je veux seulement, dans un aperçu rapide, éclairer mes concitoyens sur la situation des partis en France, et les guider dans le choix qu'ils ont à faire entre les trois formes de gouvernement :

RÉPUBLIQUE,

EMPIRE,

MONARCHIE.

Nous chercherons laquelle de ces trois formes, par ses principes, sa manière d'être et les aspirations des hommes en qui elles se personnifient, est la plus apte à nous garantir de la décadence et de la ruine, en consacrant par ses institutions les deux grands principes de l'Autorité légitime et de la Liberté.

Ce gouvernement, quel qu'il soit, nous donnera la réalisation, dans la limite du possible, des nobles et sublimes idées exprimées par ces mots :

Liberté, *Egalité*, *Fraternité !*

Ces trois mots, mal compris et servant de masque à la Révolution, ont conduit la France aux bords de l'abîme : c'est en en bien comprenant le vrai sens, en les appliquant en toute sincérité que nous recouvrerons notre splendeur intérieure, notre place à la tête de la civilisation.

Depuis la Révolution, nous perdons nos forces et notre influence dans le monde ; en chassant la Révolution, nous aurons la stabilité et l'ordre, nous reprendrons le rang que la Providence nous a assigné.

Gesta Dei per Francos.

Vous allez me dire, chers lecteurs, que tout cela est fort bien; mais dans l'Etat, l'Autorité, c'est le gouvernement, et quelle est la forme légitime, divine du gouvernement?

Je vous répondrai : En principe, tout gouvernement, quelle que soit sa forme, qui respecte les lois immuables de la société, la famille, la propriété, la dignité individuelle, gouverne dans l'intérêt général et non dans l'intérêt d'un parti, — ce gouvernement, dis-je, est légitime, de droit divin.

Maintenant, en politique comme en toute chose, le fait vient se mêler au droit pur; mais le fait, pour être une évolution légitime de notre liberté, doit rester dans les limites qui lui sont tracées par le droit.

Or, le fait qui respecte le droit se confond avec celui-ci et devient sacré comme lui, puisqu'il est le droit mis en pratique.

Dans une Société, la mise en pratique du droit, c'est le gouvernement : lors donc que le gouvernement garantit les lois supérieures du droit social, le gouvernement est sacré; le détruire, c'est détruire le droit, c'est se mettre en révolution, c'est mettre le désordre à la place de l'ordre.

De fait, un peuple a ce pouvoir ; de droit, jamais !

Oui, le gouvernement, dans sa forme, est perfectible comme toute chose humaine, mais il est sacré dans sa constitution même : vous pouvez, en droit, le réformer sous la garantie des lois immuables de la Société, mais le renverser est un crime.

Ainsi, lorsque dans l'Etat un gouvernement existe, qui est l'Autorité vraie, on doit le respecter.

Nous allons d'abord étudier les diverses formes de gouvernement en général, puis nous verrons, en ce qui concerne la France, lequel de ces gouvernements a le caractère d'autorité légitime et nous garantit par le fait même ces deux biens suprêmes : l'Ordre et la Liberté.

CHAPITRE III

DU GOUVERNEMENT DE L'ÉTAT

Avant d'aborder l'étude spéciale des divers systèmes de gouvernement auxquels la France a été soumise, nous allons faire de la philosophie politique. En cela comme en littérature et dans les beaux-arts en général, nous trouvons nos maîtres dans les grands génies de l'antiquité.

Cicéron, un des hommes politiques les plus considérables de la République romaine, a traité à fond cette question dans son ouvrage intitulé : *De re publicâ.* Le premier, il a conçu ce gouvernement qui s'est développé, dans la suite, après la chute de l'Empire romain, sous l'influence des doctrines chrétiennes, et que nous appelons aujourd'hui Monarchie représentative.

Dans sa pensée, cette forme de l'Autorité est le dernier mot de la science politique.

Cicéron constate d'abord et pose en principe indiscutable le principe d'Autorité.

« Ensuite, dit-il, il faut que cette Autorité soit attri-
» buée ou à un seul, ou à quelques hommes choisis,
» ou qu'elle soit assumée par la multitude et par tous.
» Ainsi, quand l'Autorité souveraine est aux mains
» d'un seul, nous appelons cet homme roi, et royauté
» cet état de la chose publique ; quand elle est confiée
» à des hommes choisis, alors on dit que la chose
» publique est confiée à la direction d'une aristocra-
» tie ; enfin, l'Etat populaire, quelque nom qu'on lui
» donne, est celui où le peuple est tout. Si, dans ces
» trois formes de gouvernement, le lien subsiste, qui,

» tout d'abord, a réuni les hommes entre eux par une » Société faite en vue de l'intérêt public, on a, je ne » dirai pas un Etat parfait et excellent, mais tolérable et qui peut être préféré l'un à l'autre. Car un » roi juste et sage, des citoyens d'élite placés à la tête » des affaires, et le peuple lui-même, *quoique le fait » soit moins probable*, peuvent, sauf quelques injus- » tices et quelques passions jetées à la traverse, cons- » tituer un Etat qui n'a rien d'incertain[1]. »

Ainsi tout gouvernement, Monarchie absolue, République aristocratique, République démocratique, peut conduire un peuple dans l'ordre et la justice, mais à la condition que son autorité soit équitable, et que les gouvernants soient honnêtes, et encore, nous dit Cicéron, la nature humaine est telle que même dans ces conditions on n'aura pas un Etat parfait, mais tolérable, et qu'il faut s'attendre à « *quelques injustices et quelques passions jetées à la traverse.* »

Ces trois systèmes exclusifs de gouvernement ont chacun des vices d'organisation qui précisément ne leur permettent pas de rester dans l'ordre, de résister à ces injustices, à ces passions qui, au lieu d'être des faits d'exception, risquent beaucoup de devenir la règle générale. Mais suivons Cicéron :

[1] Cic. *De re pub.*, liv. I, par. XXVI.

« Dans une Monarchie absolue, le gros des hommes » est trop exclu du droit et du conseil commun ; sous » une domination aristocratique, la multitude participe « à peine à la vie politique, étant privée de toute déli- » bération générale et de tout pouvoir ; et quand tout » se fait par le peuple, *lors même qu'il soit juste et* » *modéré*, l'égalité devient une injustice[1]. »

Ce dernier trait est la condamnation formelle du suffrage universel comme *seule source* de la loi. *Sans doute il est juste que la multitude concoure à la confection des lois*, mais il est injuste que la loi soit faite *exclusivement* par la multitude. La loi doit être égale pour tous, mais il est absurde que le nombre seul fasse la loi; à côté du nombre il y a les grands intérêts moraux et matériels qui doivent avoir une influence, une puissance spéciales.

Après avoir exposé la constitution de ces trois systèmes purs, et les conditions dans lesquelles ils sont tolérables malgré les défauts inséparables de leur nature même, Cicéron les étudie dans leurs conséquences probables.

« Quand je parle, dit-il, de ces trois formes de » gouvernement, je les vois, non pas en proie aux » troubles et à la confusion, mais gardant leur posi-

[1] Cic. *De re pub.* Liv. par. XXVII.

» tion fixe. Car d'abord, elles ont chacune en soi les » défauts que j'ai dit plus haut; puis d'autres défauts » encore qui les conduisent à leur perte. En effet, il » n'y a pas une de ces formes de gouvernement qui » n'ait sa tendance vers un mal voisin glissant et » inclinant à la ruine. Ce roi tolérable, pour lui don» ner le nom qui lui convient, ou même aimable, peut » avoir comme successeur un homme dont l'âme » tourne à la licence, au despotisme. L'aristocratie » seule placée à la tête de la cité n'est pas éloignée du » complot et de la faction. Et les Athéniens eux-mê» mes, pour ne pas chercher d'autres exemples, » *abandonnant tout pouvoir au peuple, ont été en* » *proie au fléau d'une multitude furieuse et sans* » *frein*[1]. »

Ainsi la Monarchie absolue, la République aristocratique, la République démocratique sont en principe de bons gouvernements, à la condition que la justice et le droit soient la règle qui les dirige. Mais qui préservera de la dictature injuste, de la faction, ou de l'anarchie? Là est le danger, et ce danger est inévitable si les lois sont exclusivement en la puissance d'un seul, de quelques-uns ou de tous.

Suivant Cicéron, il faut ici faire de l'éclectisme et,

[1] Cic. *De re pub.* Liv. I. par. XXVIII.

par un mélange pondéré de ces trois systèmes, prenant à chacun ses qualités, repoussant ses vices, former une quatrième forme de gouvernement où le peuple soit mis à l'abri des désordres provenant de la compétition permanente du rang suprême, par l'hérédité empruntée à la Monarchie ; à l'abri de la faction aristocratique par une juste part de souveraineté donnée à la multitude ; et à l'abri des excès de la multitude, par le contre-poids d'institutions traditionnelles, qui ne peuvent être transformées que d'un commun accord. C'est la théorie moderne de la Monarchie constitutionnelle et représentative : ce gouvernement seul représente l'Egalité, ce principe sur lequel repose la Société chrétienne.

Si je suis allé chercher si loin un guide pour nous conduire dans l'étude du gouvernement de l'Etat ; si je suis allé chercher un philosophe païen, c'est pour bien écarter du débat les hommes politiques qui, en France, ont traité cette question. Ces hommes, en effet, ont tous été plus ou moins étroitement liés à un parti, et on aurait pu me dire que leurs opinions n'étaient pas complétement indépendantes ou impartiales. J'ai pris à dessein un des premiers consuls de ce grand peuple romain (qui, par ses vertus politiques, sa civilisation et sa puissance, a, de toutes les sociétés païennes, le plus longtemps résisté aux épreuves du temps), pour bien faire ressortir combien l'institution monarchique, par son caractère de fixité, de stabilité, de paix, frappe les esprits éminents.

Les avantages du principe monarchique frappent tellement l'esprit de ce grand républicain de Rome, qu'il ne peut s'empêcher de s'écrier, en parlant des trois formes pures du gouvernement : « Cependant, » s'il fallait en approuver un, purement et simple- » ment, j'approuverais et je louerais avant tout la » Monarchie[1]. » Cicéron nous dit assez par là que, si despotisme il doit y avoir, il préfère le despotisme d'un seul, qui, après tout, peut être juste comme injuste, *au despotisme de la multitude, qui est injuste par essence.*

Du reste, le principe monarchique s'impose par moment à toutes les nations comme une nécessité d'ordre et de salut public. Lorsqu'un peuple se trouve environné de dangers de toute sorte, dans une situation difficile, on le voit se jeter instinctivement dans les bras d'un homme, lui décerner la dictature la plus absolue, le pouvoir le plus discrétionnaire.

La dictature est-elle autre chose que la Monarchie absolue? Et si elle a ainsi sa raison d'être dans des circonstances exceptionnelles, cela ne vient-il pas de

[1] Cic. *De re pub.*, liv. I, par. XXXV.

ce que le salut public est en principe dans l'unité de la direction et l'obéissance ? Aussi voyons-nous tous les peuples prendre naissance dans un pouvoir dictatorial et ne se constituer en nations fortes, indépendantes, redoutées des voisins, que sous l'action d'un pouvoir indiscuté.

Une fois assis solidement, lorsque reprenant possession de lui-même, un peuple au lieu de changer cette dictature en un commandement ayant une initiative indépendante, mais contrôlé et renfermé dans des limites constitutionnelles, détruit cette unité de direction pour lui substituer un pouvoir instable, soumis aux caprices populaires, oh ! alors, on lui voit perdre très vite ce que la Monarchie aura souvent mis des siècles à sauvegarder : la sécurité intérieure et l'indépendance vis-à-vis de l'étranger.

Mais, nous le répétons, la puissance exclusive de la multitude comme d'un seul, comme de quelques-uns, est injuste, tyrannique. La Souveraineté chez un peuple appartient *à cet ensemble d'intérêts et de droits généraux qui se trouvent inégalement répartis entre tous.*

La Monarchie représentative, avec le roi au sommet, ayant l'initiative et la direction première du gouvernement, puis une Chambre haute composée des représentants des grands intérêts moraux et matériels, enfin, les représentants du peuple entier : voilà le dernier mot de la philosophie politique.

Ici, l'expérience se joint à la raison pure pour consacrer cette forme de gouvernement issu de la méthode éclectique.

Jetons un regard sur la situation des peuples : nous voyons les nations restées fidèles au principe monarchique, prospères, puissantes et tranquilles, lorsque, au contraire, les nations qui ont repoussé le principe héréditaire pour le principe électif sont en proie à la discorde, luttent contre toutes les convoitises sociales allumées par une fausse égalité et une liberté, — dégénérée en licence.

La Pologne a succombé sous le principe électif; la République helvétique, la terre sainte de l'indépendance, subit, en ce moment, les inconvénients du système qui laisse tout pouvoir au Nombre. Les droits les plus sacrés, les plus légitimes sont à la merci du caprice populaire, sont impunément violés et ne trouvent aucun appui dans la loi.

L'Espagne râle et se débat dans les dernières convulsions de l'agonie, ne devant son intégrité territoriale qu'à l'absence de tout voisin : la mer et les montagnes l'isolant du reste de l'Europe.

La France, après avoir prospéré et grandi sous

la Monarchie, a rejeté le principe héréditaire dans un moment d'égarement; s'est tour à tour livrée à César ou au peuple; se trouve en face de la question sociale à l'intérieur, et, à l'extérieur, en face d'ennemis puissants qui ont abattu et conquis sa ceinture de forteresses.

Au contraire, la Prusse, la Russie, l'Autriche, l'Angleterre ont grandi à mesure que la France se perdait dans la démagogie. Verrons-nous le danger ? Comprendrons-nous les causes de notre affaissement ? Verrons-nous que, depuis cette époque néfaste où, au lieu de reformer nos vieilles et séculaires institutions nationales, nous avons tout détruit, tout renversé, laissant pour toute sauvegarde le principe brutal et injuste de la souveraineté du Nombre; que, depuis cette époque néfaste, appelée par quelques imbéciles la grande Révolution, nous nous épuisons en luttes sanglantes, stériles, nous râlons sous le poids d'une dette colossale, nous perdons nos frontières, notre tranquillité, notre influence dans le monde ? Le verrons-nous ! Ce cri d'alarme jeté aura-t-il quelque écho dans le pays ! Longtemps abusés par des doctrines creuses, dépouillés par tous les docteurs de l'école révolutionnaire, ruinés par des sauveurs de circonstance et des héros de coups d'Etat, notre refuge est dans la tradition nationale, dans le pouvoir héréditaire entouré d'institutions libérales permettant au pays le contrôle réel des actes du pouvoir.

Depuis cent ans bientôt qu'en France le peuple est souverain, où allons-nous ? — A la dissolution ?

Revenons à l'Ordre par l'Autorité, et, pour que la possession de l'Autorité ne devienne pas l'occasion et le motif de luttes, de compétitions dangereuses pour notre sécurité, notre tranquillité, mettons-la au-dessus des convoitises de la multitude : revenons à la Monarchie.

On nous parle de nouvelles expériences à faire, de République conservatrice, d'Empire dit autoritaire, de ce régime issu du crime de Décembre, et qui ne comprend l'Autorité que sans la Liberté ; de ce gouvernement honteux, qui se dérobe à tout contrôle, pour tripoter dans l'ombre les théories des *carbonaro* et l'acheminement à la République universelle par le principe des nationalités, dont nous commençons à sentir les lugubres conséquences !

Ah ! la France est trop malade pour se livrer aux empiriques aveugles qui l'ont conduite si près du tombeau. Non ; les principes qui ont presque tué notre belle patrie sont incapables de la sauver : on ne guérit les effets désastreux d'un poison que par le contre-poison. Pourquoi faut-il que nous soyons divisés ! La Providence aurait-elle décrété notre effacement et notre ruine ? Après une si belle course à travers les siècles, après avoir été les soutiens et les chevaliers de la religion et de la vérité, devons-nous disparaître devant les Teutons et les Cosaques ? Je ne puis y croire, et tout me dit qu'après avoir donné à l'univers le spectacle de notre abaissement, nous lui donnerons celui de notre résurrection. Non, un peuple qui a résisté depuis quatre-vingts ans aux épreuves par lesquelles nous sommes passés ; un peuple aussi fort, dis-je, ne peut pas périr. Si nous avons péché, nous avons expié, et si, pour punir Rome, Dieu a suscité Attila, pour nous punir Dieu a pu choisir l'Allemagne, mais non pour nous détruire.

Attila était la force sauvage, l'humanité primitive et fière venant se substituer à des peuples vermoulus et gâtés, tandis que l'Allemand est la force mise systématiquement et sciemment à la disposition de l'astuce, de l'injustice calculée et raisonnée.

Mais laissons là ces considérations générales et reprenons la suite de notre étude politique. Après avoir laissé déborder le sentiment sous l'influence de la raison, de la vérité, du patriotisme, revenons à la démonstration logique du meilleur, ou, du moins, du plus tolérable des gouvernements.

Nous avons vu que la donnée la plus intelligente de la science politique était la Monarchie constitutionnelle et représentative. Sous ce gouvernement, en effet, l'exercice de l'Autorité n'est pas à la merci d'un seul, d'une faction aristocratique, ou de la multitude : ce système consacre, avec les droits de la volonté nationale et de la liberté, le principe de l'unité de direction et de libre initiative, qui sont les conditions inséparables de la stabilité et de la sécurité dans une nation nombreuse, entourée d'ennemis puissants.

Le consentement de la nation est évidemment nécessaire pour l'installation d'une Monarchie, mais l'*autorité* de cette Monarchie ne vient pas du peuple : elle est le résultat de la force même des choses, elle est, si vous voulez et dans le sens que nous lui avons donné au chapitre premier, de droit divin.

Sans doute le choix de la famille royale constitue une élection effective, mais cette élection n'est pas *la création de l'Autorité*; elle est, au contraire, la soumission à cette nécessité sociale à nous imposée par le Créateur lui-même dans nos intérêts les plus chers.

Si on considérait cette élection comme la création de l'Autorité, on tomberait dans le principe révolutionnaire de la souveraineté absolue du peuple, qui est, comme nous l'avons vu, la négation brutale de l'Autorité légitime, de la Liberté, de l'Égalité. Nous avons vu aussi que ce principe conduisait logiquement à des institutions perpétuellement provisoires : nous devons donc le repousser comme étant anarchique et impraticable.

Il est vrai qu'en principe tout gouvernement est légitime à la condition de représenter l'Autorité conservatrice des bases de la Société. Aussi, malgré que la raison nous amène à proclamer le gouvernement de la Monarchie représentative comme le plus digne de diriger un peuple, nous allons examiner si les partis qui se partagent la France peuvent, de fait, remplacer cette Monarchie.

La tradition nationale rompue, il nous reste la République et l'Empire ; voyons si, au lieu de renouer la tradition monarchique, nous ne pourrions pas trouver en eux un port assuré et des garanties suffisantes.

Mais j'entends les sceptiques du jour, ceux qui se font gloire de n'être attachés à aucune opinion politique, me dire d'un ton railleur : c'est vrai, Cicéron raisonne fort bien ; mais nous n'avons que faire de toutes ces belles déductions. La France a passé par le régime représentatif et constitutionnel ; cependant, aucun de ces gouvernements n'a pu résister ; tous se sont proclamés définitifs, et leur éternité n'a pas dépassé vingt ans. Vous aurez beau raisonner, le jour où le peuple voudra renverser un gouvernement, il le renversera.

Oui, le mal est là, je le reconnais avec ces hommes qui se laissent aller à la dérive, qui constatent le mal, mais qui se bornent à le constater. Le mal est là, et il faut le guérir; je ne vois le remède que dans l'instruction donnée au peuple et l'emploi de la force contre les charlatans de bas étage qui le poussent à la haine, à la licence, à la destruction.

Ces messieurs du centre gauche, qui constatent si bien le vice des générations actuelles, sont les premiers à le développer par leur sympathie et leur amitié avec ceux qui l'entretiennent et le nourrissent. Ils croient tout sauver par la conciliation. Que voulez-vous concilier? Ce qui est inconciliable! Vous voulez faire un agneau d'un loup, et un chat d'un tigre.

Réchauffer le serpent dans son sein est un acte d'insigne folie; nourrir la Révolution pour l'amener à devenir la compagne de l'ordre est aussi absurde que de se jeter dans la gueule du lion avec l'espoir de l'attendrir par ce désintéressement inimaginable.

Ah! messieurs du centre gauche, pour guérir un malade, il faut combattre le mal; et lorsque le mal est violent, organique, ce n'est pas de la tisane qu'il faut, mais un médicament actif. Si toute votre politique, votre science et votre longue expérience vous amènent à vouloir enchaîner le monstre avec des rubans roses, une loge à Charenton serait certainement bien mieux votre affaire qu'une place sur les bancs où siègent les représentants du pays.

Oui, la Révolution a profondément pénétré en France, et c'est votre faute : en 1830, vous l'avez réchauffée avec amour ; en 1848, elle vous a mordus ; en 1852, vous n'avez su éviter les atteintes de l'anarchie qu'en vous jetant dans le despotisme ; aujourd'hui, après avoir aidé la Révolution à ruiner la France, pour toute consolation, vous dites, d'un ton mielleux et tremblant : « Que voulez-vous, il faut en passer par là ; le monstre est devenu grand, ne le contrarions pas. » On vous parle de gouvernement de combat : « Y pensez-vous ? s'écrient ces bons apôtres ! combattre le monstre ? Mais il va se fâcher ! » On vous parle de monarchie, horreur ! vos cheveux se hérissent à la pensée que les révolutionnaires pourraient bien devenir enragés à sa vue... et alors, ô mon Dieu ! que vous faut-il donc ? Parlez.

Ah ! ce qu'il vous faut, profonds égoïstes, je vais vous le dire : il vous faut des places, des honneurs ; il faut à votre ambition l'orgueil de pouvoir dire, comme le grand Roi : « L'Etat, c'est moi ! »

Vous n'osez pas combattre la Révolution, parce que vous en avez peur. Elle vous a dit : « Voyez : toutes les élections sont pour moi, continuez-moi vos faveurs, votre appui, et je vous soutiendrai au renouvellement de l'Assemblée ; je vous laisserai les portefeuilles, les préfectures, les ambassades. » Ah ! Messieurs du centre gauche, lisez donc l'histoire, et souvenez-vous des Girondins : leur sort sera le vôtre !

Si vos personnes étaient seules en péril, la perte ne serait pas irréparable ; mais la France succomberait après vous, et voilà ce que nous devons éviter. Du reste, trêve de ces objurgations ; passons aux faits : les faits sont toujours éloquents.

Vous patronnez la République : examinons-la et ensuite apprécions-la à sa juste valeur.

CHAPITRE IV

DE LA RÉPUBLIQUE

La République fit son apparition en France vers la fin du dernier siècle : elle fut la Révolution se substituant à la réforme de nos institutions nationales.

En 1789, la Monarchie absolue avait fait son temps ; les progrès de l'esprit, les mœurs de l'époque, tout exigeait, à ce moment, d'une façon impérieuse, la révision, sur les bases de l'égalité civile et du contrôle populaire, de la constitution des pouvoirs respectifs du Roi et de la Nation.

Mais, au lieu de réformer, on détruisit ; au lieu de s'entendre pour construire, chacun se mit à renverser : ce fut la République.

Les pieds dans le sang, la torche d'une main, le sabre de l'autre, la Révolution française semait partout l'incendie et le meurtre.

Jamais le peuple ne fut soumis à un aussi humiliant esclavage ; les abus et les excès de la féodalité corrompue et de l'absolutisme royal dévoyé sous Louis XV furent dépassés par la tourbe en délire. On se sent pris de rage au spectacle de ces figures idiotes, sombres, dégradées, devant lesquelles tremblait, suppliante, la nation française.

Les Bourbons proscrits, le Roi et sa famille lâchement assassinés furent remplacés par Robespierre, Danton, Marat, Barras, etc., etc.

Le bourreau déguisé en juge remplaça la justice, et des flots de sang coulèrent au nom de la Liberté et de la Fraternité.

Ce fut une ignoble carnavalade, une saturnale sanglante, honteuse, dégradante.

Il est vrai que tous les avocats, les comédiens et les brutes qui se partagèrent le pouvoir suprême disaient au peuple : « Peuple, tu es souverain ! »

C'est là, paraît-il, la grande conquête de la Révolution.

Il n'y a pas à rire, croyez-moi ; interrogez ceux qui se disent républicains honnêtes, parlez-leur des excès de la Révolution, ils feront chorus avec vous, mais ils se hâteront d'ajouter que, sans elle, le peuple ne serait pas souverain.

Pour moi, j'ai eu beau lire et relire l'histoire de France, j'ai toujours vu que, depuis la Révolution, le peuple français n'avait été que dupe : dupe des charlatans de la première République, dupe des Bonaparte, dupe, en un mot, de cette prétendue souveraineté sous toutes ses formes.

Jusqu'ici le peuple souverain est un paravent commode, derrière lequel s'habillent en despotes et s'arment de toutes pièces des ambitieux vulgaires, héros de guet-apens comme au 2 Décembre, et sauveurs sans fierté comme à Sedan !

Le peuple, souverain ? Mais quand donc l'a-t-il été ? Mais il ne le sera jamais, par la raison bien simple qu'il ne l'est pas et ne peut pas l'être.

Mais enfin, débarrassant la République de ses fâcheux antécédents, étudions-la dans ses principes et les aspirations des hommes qui la représentent aujourd'hui.

Nous avons dit que tout gouvernement est légitime, à la condition de représenter le droit divin, c'est-à-dire l'autorité conservatrice des bases de la Société.

Or, en France, la République est la négation de l'ordre social : à l'autorité divine, elle substitue la loi brutale du nombre ne connaissant pas de limite.

Que disent, en effet, les républicains : « A bas Dieu ! La loi est athée ; le peuple est souverain absolu ; ce qu'il décrète est le droit, et mort aux violateurs de la loi. » Mais hasarderez-vous timidement, la famille, la propriété, qu'en pensez-vous ?

Nous pensons, répondent-ils, que ces vieilles institutions, fondées par la religion et les monarques, sont des instruments d'esclavage : le mariage indissoluble est une entrave injuste à la liberté humaine, et la propriété héréditaire, une injustice au profit des classes oisives et spoliatrices.

Mais ce sont là, me direz-vous, les doctrines des communards, et non des vrais Républicains.

Je commence d'abord par constater qu'il y a de faux républicains et de vrais républicains. Où les reconnaîtrons-nous ? Ce ne sera pas à leur principe fondamental, ils ont tous le même : la souveraineté absolue du peuple.

Oui, mais, disent ceux qui s'intitulent les vrais républicains, nous respectons la famille et la propriété : très bien, mais êtes-vous la majorité ? Car enfin, du moment que le Nombre est le seul arbitre, il importe que vous soyez le Nombre.

Le malheur est précisément que les vrais républicains ne sont pas la majorité. S'il en était autrement, comment expliquer leur étroite alliance avec les communards? Aux élections, on les voit voter pour le même candidat, s'unir, dans une haine commune, contre la religion. C'est le cas de répéter : « Mais qui trompe-t-on ici ? »

Quelle confiance peut avoir une nation dans ce parti multicolore, où se confondent en un immense salmigondis les aspirations les plus disparates, les tempéraments les plus divers ? Dans ce ténébreux imbroglio de doctrines et de docteurs en politique, qui donc aura raison, qui donc l'emportera finalement ?

Bien osé celui qui voudrait prédire les institutions définitives d'une république en France.

Prenez dix républicains, ils ne sont d'accord que sur deux points : 1° Vive la République ! 2° Le peuple est souverain ! Mais à part cela, chacun a sa petite République, chacun prétend que la sienne est la seule bonne !

Quel gâchis !...

Et pour mettre ordre à tout cela : le suffrage universel illimité pour seul juge entre les partis.

Ce serait à en mourir de rire, si ce n'était, en même temps, plus lugubre qu'absurde.

J'entends un vrai républicain me dire avec courtoisie : « Vous mentez impunément ; voyez, à la Chambre, nous sommes tous d'accord ! »

Pour détruire, je vous l'accorde, mais pour construire, je le nie formellement.

Il y a chez vous les socialistes (les plus nombreux), les doctrinaires, les girondins ou modérés, puis, enfin, les républicains conservateurs.

Eh bien ! si vous êtes d'accord pour proclamer en principe la République, l'êtes-vous pour la doter d'institutions sérieuses ? Vous êtes divisés entre quatre factions, et le jour où une d'entre elles sera au pouvoir, les trois autres se réuniront pour l'en faire descendre, et ainsi de suite, pour la grande gloire du peuple souverain, qui paiera les pots cassés.

Mais cela est faux, archi-faux, répètent les républicains exaspérés : la majorité gouverne et la majorité ne varie pas tous les jours.

Oui, mais la minorité peut toujours travailler à devenir la majorité : le peuple étant souverain, il peut changer d'opinion quand cela lui plaît, et défaire demain ce qu'il fait aujourd'hui.

Belle vérité de la Palisse ! me répond un docteur dans un grand éclat de rire. Mais il en est bien toujours ainsi, même sous une Monarchie représentative ! Les ministres changent avec la majorité, et alors où est la différence ?

La différence, je vais vous la dire :

Sous une Monarchie gardienne de la Société, il y a des vérités et des institutions contre lesquelles les atteintes de qui que ce soit sont illégales et repoussables en droit par la force.

Ces vérités, ces institutions sont : 1° l'hérédité ; 2° la famille ; 3° la propriété ; 4° la liberté et la dignité individuelles.

Ces vérités sont protégées par des lois, et si la confection et l'application plus ou moins stricte de ces lois peut donner lieu dans le gouvernement à des changements de politique ministérielle ou à des variations de nuance dans la majorité du pays, il y a au-dessus quelque chose de sacré, d'inviolable. Oui, la majorité peut changer ; mais, au-dessus d'elle, il y a quelque chose d'immuable, il y a le pouvoir du Roi et les principes fondamentaux de la Société chrétienne.

Chez vous, au contraire, il n'y a qu'un principe : le Nombre, et le Nombre est essentiellement variable. Au-dessus du Nombre, que placez-vous ? Rien.

Aussi, qu'arrivera-t-il si jamais la France était soumise à vos expériences ? Supposons que, pour commencer, la République soit organisée par ceux d'entre vous qui se disent conservateurs.

Immédiatement, se rangent dans l'opposition les socialistes, les modérés et les radicaux. Si la majorité vient à changer au profit des radicaux, par exemple, ce n'est plus un changement de personnes, c'est un changement de toutes les institutions établies ; ainsi de suite.

Ne vous récriez pas, c'est la vérité : vous n'êtes d'accord sur rien de fondamental. La famille, les uns la veulent libre, les autres avec le divorce, les autres indissoluble. La propriété... ah! c'est ici que le gâchis est à son comble.

Cependant, au milieu de toutes vos doctrines, sous le rapport de la propriété, il y en a une qui domine, c'est celle qui se résume dans cette invitation brutale : « Ote-toi de là que je m'y mette ! »

En ce moment, les républicains font patte douce et se prennent des airs de modération et de conservantisme destinés à abuser les masses, à les entraîner à la proclamation de la République.

Cela fait, les vraies doctrines républicaines se feront jour comme jadis ; peu à peu, le Nombre, par des détours adroits, des institutions subversives de l'ordre établi, nous conduira insensiblement au socialisme.

Nous verrons s'établir l'impôt progressif avec l'aide de moyens inquisitoriaux et vexatoires ; comme en

1848, on proclamera le droit au travail, et on instituera les Ateliers nationaux.

Les Ateliers nationaux engouffreront annuellement une quote-part des impôts de l'Etat, et deviendront le foyer des bataillons de l'idée communarde.

On s'empressera de faire revenir de Calédonie tous les frères et amis, un moment abandonnés en apparence pour les besoins de la cause. On réarmera la garde nationale. Tous ces préparatifs terminés, le Socialisme attaquera hardiment la Société.

La guerre aux prêtres, à la religion sera ouvertement patronnée par l'Etat pour le triomphe de la morale dite indépendante.

La guerre à la propriété se fera par les grèves soutenues avec les fonds de l'Etat et organisées par les chefs de parti. Le désarroi des finances nous conduira rapidement à la banqueroute, à l'abolition pure et simple de la dette publique : ce sera la guerre au capital par l'institution du crédit sans échéance et l'abolition de l'intérêt.

On verra graduellement l'Etat s'emparer de la propriété, du capital, de l'industrie, et devenir le grand dispensateur des richesses nationales.

Je ne parle en rien des vexations que subiront les personnes, ni des complications extérieures que suscitera inévitablement l'application de semblables théories.

Il est évident que l'abrutissement général dans le matérialisme et le communisme nous livrera sans défense à nos ennemis extérieurs, pour lesquels notre effacement sera une nécessité de salut et de conservation.

Que de sourires incrédules vont accueillir la lecture de ce sinistre tableau! Cet écrivain est totalement fou, vont dire nos démocrates à l'eau de rose ou les gens sans conviction qui se laissent entraîner vers la République par les soleils et les constellations du centre gauche. Mais, s'écrient-ils avec ensemble, nous ne sommes pas idiots au point de nous laisser dépouiller de la sorte! Croyez-vous donc que la majorité de la nation ait perdu le sens commun?

J'admets tout ce que vous voudrez, Messieurs les optimistes. Mais enfin, voulez-vous voir les choses simplement et dans leur réalité? Avec quoi vous défendrez-vous contre les attaques du socialisme? Le jour où la garde nationale sera armée de fusils, le jour où les gendarmes, la police et l'armée seront réduits à leur plus simple expression, sera-ce vous qui défendrez la Société menacée?

Non, car vous aurez peur!

Une poignée de scélérats, d'hallucinés et de brutes

renouvelleront le spectacle de 93 ! Vous aurez peur et vous irez à l'étranger, emportant ce que vous pourrez de votre or, de votre fortune. Vous n'avez pas l'audace de la canaille ; vous n'exposerez pas comme elle votre vie sur les barricades ; vous fuirez ! vous abandonnerez la France, si, toutefois, on vous en laisse le temps. Traitez-moi de prophète de malheur, de conteur de sornettes, de bavard imbécile, de trembleur, de tout ce que vous voudrez : il n'en est pas moins vrai que je parle de choses qui se sont vues en 93 et en 1871.

Est-ce vrai, cela, ou est-ce faux ?

Si ces horreurs ont eu lieu, qui vous garantira de leur retour ? Le progrès des mœurs, des idées, de la civilisation, répondez-vous. Mais vous ignorez donc tout ce qui couve de haine, d'envie et de soif de vengeance dans le bas-fonds des nouvelles couches !

Ah ! le jour où tous ces peaux rouges auront sournoisement miné et renversé la barrière qui les arrête : l'armée ; le jour où ils auront fusils et canons, ce jour-là ils se redresseront en poussant leur cri de guerre.

A ces clameurs barbares, vos illusions tomberont. Il sera trop tard !

D'ailleurs, Messieurs les républicains, socialistes ou non, modérés ou prétendus conservateurs, qui se ressemble s'assemble, et le fameux dicton : « Dis-moi qui tu fréquentes, je te dirai qui tu es », sera éternellement vrai et infaillible.

Lorsque je vois M. Rouher professer la même doctrine que M. Naquet; M. Thiers d'accord avec M. Gambetta; ces deux derniers d'accord avec Louis-Blanc et Ledru-Rollin; ces quatre compères sourire à Ranc et à Rochefort, je répète instinctivement : « Qui se ressemble, s'assemble. »

Tous ces blocs enfarinés, toutes ces figures maquillées des mêmes couleurs pour la circonstance ne me disent rien qui vaille, et je les qualifie tous de ce mot : Révolutionnaires!

Il faut répéter aujourd'hui, plus que jamais, avec M. de Montalembert : « Tous les républicains ne sont pas de la canaille, mais toute la canaille est républicaine. » Il est facile de s'en rendre compte. Choisissez dans les temps de révolution un jour d'effervescence populaire, et transportez-vous au milieu des groupes hurlant : Vive la République.

Vous y trouverez en masses compactes, et non moins avinées que compactes, la lie des faubourgs, ce que les bas-quartiers possèdent de plus abject, et, en tête, des ambitieux plus ou moins vulgaires voulant arriver aux fonctions et aux honneurs sans travail ni fatigue, des ruinés et des déclassés ; vous y trouverez aussi quelques honnêtes gens, mais vous avouerez avec moi qu'ils sont en bien mauvaise compagnie.

Comment se fait-il, direz-vous, qu'ils ne s'en aperçoivent pas ? C'est là un problème difficile à résoudre, une question très délicate à toucher.

D'abord, vous y trouverez un mélange confus de ce qui suit : petit amour-propre froissé, légère pointe de jalousie sociale, rancunes mesquines, idées étroites, irréligion plus ou moins notoire.

Ils sont républicains parce que les riches ne le sont pas ; parce que le clergé ne l'est pas ; parce qu'un tel qui les a vexés ou humiliés n'est pas républicain ; parce que... enfin, une foule de raisons aussi sérieuses que celles-là. Oh ! ils ne s'avouent pas ces vérités à eux-mêmes ; mais, en réalité, leur républicanisme a sa source dans de pareils motifs.

Ceux qui, étant riches et instruits, prétendent être républicains sous le prétexte que le peuple est souverain sont des farceurs reconnaissant le peuple souverain à la condition de recevoir les ministères, les ambassades, les recettes générales, en un mot, toutes les places bien rétribuées. Le jour où ils auraient espoir d'obtenir toutes ces choses plus aisément avec un autre gouvernement qu'avec la République, ce jour-là, ils ne seraient plus républicains.

Je le reconnais ; dans la catégorie des hommes

riches ou instruits, il y a des républicains sincères, mais il sont bien rares !

Ces hommes pleins d'illusions sont à plaindre; ils sont les mannequins, les sapes derrière lesquelles s'abrite la canaille dans les jours de lutte légale et pacifique; mais, le jour du triomphe, il sont les premières victimes. Sans le savoir, ils servent de manteau au désordre et à l'anarchie; le jour où ils s'en aperçoivent, le mal est fait.

Révolutionnaires inconscients qui avez renversé la Monarchie nationale, vous êtes morts en regrettant vos erreurs; banqueteurs imprudents qui avez fait la République de 1848, vous avez regretté, mais il était trop tard.

Cependant, il se trouve encore des hommes qui prétendent fasciner la Révolution.

Ils se trompent, et c'en est assez. La France est lasse, lasse des expériences que l'on a tentées sur elle depuis près de cent ans : une nouvelle expérience, et elle est perdue.

M. Thiers disait sous l'Empire : « Il n'y a plus une seule faute à commettre. » La faute a été commise lourde, écrasante, et la France existe toujours.

Elle existe, mais dans quel état : armée, finances, frontières, tout est dans le délabrement.

Oui, aujourd'hui c'est absolument vrai : Il n'y a pas une seule faute à commettre !

Revenons à l'ordre, revenons à la stabilité, revenons à l'Autorité légitime et répudions la Révolution.

En quoi pourraient séduire les promesses de nos républicains : nous les voyons s'acharner partout à détruire la Religion et tout ce qui est respectable.

M. Gambetta qualifie le clergé de « lèpre dévorante ». Je ne sais cependant ce qui nous dévore le plus, du Clergé ou de la Révolution.

Depuis près de cent ans, les folies révolutionnaires, les attaques d'épilepsie républicaine, et le despotisme qui en est la conséquence forcée, nous ont coûté des milliards et des milliards, nous ont conduit à la ruine ; cependant nous n'avons ni forteresses, ni arsenaux, ni armées, ni alliés.

Depuis près de cent ans, des millions de Français ont inutilement péri dans les guerres civiles, dans les guerres extérieures ; malgré tout ce sang et tout cet or, nos frontières se resserrent, le territoire s'amoindrit, nous descendons au second rang des nations.

La République avec ses institutions nécessairement provisoires, sinon de titre, du moins de fait, avec ses factions aussi nombreuses qu'il y a d'ambitieux déçus et d'envieux sans talent, peut-elle nous donner la stabilité, et surtout l'unité de direction ?

Poser la question c'est la résoudre.

Au-dessus de la vie intérieure, il y a, pour un Etat vaste entouré de voisins puissants, il y a, dis-je, la vie, les relations extérieures. C'est dans cette conduite de nos rapports avec l'étranger qu'est le danger le plus grand de notre situation actuelle.

Voulons-nous être tenus en suspicion par l'Europe entière, voulons-nous être isolés et disparaître peu à peu ? adoptons la forme républicaine.

Voulons-nous compter dans le concert des nations, avoir le droit de parler, de faire respecter nos droits et nos volontés ? adoptons la Monarchie.

Ce n'est pas là une réclame de charlatan, c'est la constatation de ce qui existe.

Voyons, sérieusement, quelle puissance dans le monde peut se rapprocher de la République française. Nous vivons au milieu de monarchies.

Les rois et les empereurs auront-ils, peuvent-ils avoir confiance dans les déclarations et les promesses de Crémieux, de Gambetta, de Ledru-Rollin ? Mais ces citoyens, seraient-ils élus présidents pour vingt ans, peuvent-ils avoir de politique extérieure une et constante ? Sont-ils sûrs seulement du lendemain ? Sont-ils réellement maîtres ? Sont-ils souverains ? Non, non, cent fois non !

Le peuple est souverain.

Eh bien ! la logique est là, et si les habiles savent donner des crocs-en-jambes à la logique, le peuple sait toujours faire respecter son droit imprescriptible. Les électeurs sont bons logiciens, et si on leur apprend qu'ils sont souverains absolus, ils voudront l'être et de nom et de fait : tôt ou tard, ils démoliront les constitutions en cinquante articles, comme un enfant démolit un château de cartes.

On a beau donner par un vote cinq ans, dix ans, vingt ans de durée à un président, le peuple lui dira quand il voudra : Va-t-en, je te l'ordonne parce que moi seul suis souverain ! Il vous est loisible, ô rhéteurs de la République, de décréter des institutions dites définitives, de pétrir le pouvoir à votre image, de le tailler pour l'usage de vos savantes personnes : vains décrets, vains chiffons de papier, le peuple est souverain et déchirera vos décrets quand il lui plaira.

Vous allez le mettre en tutelle sous la direction d'un Sénat et d'un président armés de pouvoirs royaux ? Mais, en vérité, vous êtes bien inconséquents, bien imprudents ! Y pensez-vous ? Mais vous allez ériger la révolte à la hauteur d'un devoir !

De quel droit faites-vous cela ? Vous êtes constituants, dites-vous ! Très bien, mais le peuple vous a-t-il donné mission de l'enchaîner ? Si le peuple est souverain, il ne peut avoir donné qu'une mission, celle de le doter d'institutions qui lui garantissent l'exercice réel de sa souveraineté. Un Sénat ! un Sénat qui ait le droit de mettre à la porte les représentants du pays ! En vérité vos prétentions et vos audaces ne tarderont pas à être confondues.

Proclamez la République, faites de nouvelles élections, et vous verrez jusqu'à quelle limite un peuple pousse la logique.

Mais à défaut de stabilité, les théories républicaines nous assurent-elles la liberté ?

Je ne vois au contraire que de l'ostracisme : en fait de liberté politique, je vois que la France est obligée de subir la poignée de factieux qui envahissent les Assemblées, imposent au pays des personnalités plus ou moins grotesques, plus ou moins honnêtes. A la Révolution, en 1830, en 1848, en 1870, je vois la populace de *Paris* renversant le gouvernement de la *France* et se substituant, dans ses avocats privilégiés, à la représentation légale du pays.

Si, en 1871, l'Assemblée avait été au Palais-Bourbon, elle était balayée par Gustave Flourens, Félix Pyat, etc., et la Commune était proclamée dans toute la France.

Les Parisiens au pouvoir voulurent cependant, en 1871, recourir aux élections empêchées en 1870, mais ce fut par force, et encore le dictateur dressa-t-il des listes d'exclusion ; il fit arbitrairement des catégories d'inéligibles, toujours au nom de la liberté. La France fit la réponse dont ils se souviendront longtemps.

Mais où les théories républicaines violent les principes les plus élémentaires de la liberté, c'est dans l'Instruction.

Vous les croyez peut-être partisans et défenseurs de la liberté d'enseignement à tous les degrés ? Détrompez-vous.

Ils veulent forcer le père de famille à faire élever leurs enfants par *des instituteurs laïques* : l'enseignement religieux sera banni de l'école ; et, pendant que le prêtre ou la mère chrétienne enseigneront aux enfants la Religion, l'instituteur apprendra à nos fils que l'Humanité est une variété de la famille des singes.

Je n'exagère point : que l'on se reporte à l'époque où le radicalisme s'épanouissait sous la dictature de M. Gambetta : partout on chassait de l'école les frères des écoles chrétiennes, les sœurs, en un mot tous les instituteurs religieux.

Cependant s'il est une liberté sacrée, c'est la liberté de la vie intérieure de la famille ; or, l'instruction de l'enfant comme son éducation appartiennent à la famille. Le père a le droit de faire élever son enfant par qui bon lui semble ; il est libre de choisir entre l'instituteur laïque et l'instituteur religieux. Ah ! c'est ici que l'injuste loi du nombre pèse de toute sa force.

Comment, parce que la majorité sera athée je ne pourrai pas avoir des maîtres qui parleront de Dieu à mes enfants ! On veut m'obliger à les envoyer dans une école où seront battues en brèche les convictions et les croyances que j'aurai à cœur de leur inculquer !

Tout cela au nom de la liberté !

Bas les masques, despotes abrutis par le matérialisme et la haine abjecte ! Bas les masques, complices honteux des assassins d'Arcueil et de la rue Haxo ! Bas les masques, petits-fils de Robespierre, de Saint-Just et de Marat !

Dites donc franchement ce que vous voulez : dites que vous voulez la ruine de la famille par l'abolition du mariage, l'abolition des idées chrétiennes par l'instruction laïque et anti-religieuse donnée à la jeunesse, l'abolition de la religion par la guerre aux prêtres, l'abolition de Dieu et le triomphe de la brute dans l'homme oublieux de ses devoirs et de ses droits légitimes.

Au nom de Dieu, au nom de la religion, au nom de la sainteté de la famille chrétienne, au nom de la liberté : A bas la République !

Je ne puis, sans m'indigner, relire l'histoire en France de ce gouvernement funeste.

N'est-il pas évident, pour tout homme de sens, qu'une institution instable où les ondulations et les caprices du nombre peuvent porter à la magistrature suprême des hommes comme Delescluze, Paschal Grousset, Ferré, Rochefort et autres figures monstrueuses, ce gouvernement insensé qui a vu, exploitant le deuil national, des ambitieux sans talent ni expérience s'attribuer le pouvoir le plus dictatorial, Gambetta, l'avocat hâbleur, creux discoureur et pilier d'estaminet, s'emparer de la direction des armées, ayant sa main dans la main du sinistre Rochefort, le complice des assassins d'ôtages et des incendiaires de nos monuments nationaux, il est par trop évident, dis-je, que ce gouvernement de fous-furieux et de honteuses saturnales nous déconsidère aux yeux du monde entier, nous dégrade, nous avilit et finirait infailliblement par nous perdre.

Mais la liberté n'a pas, dans ces hommes et dans les institutions éphémères de la République du peuple souverain, ses plus dangereux ennemis.

Il existe en France un parti qui s'intitule le parti de la Révolution organisée et de l'autorité par la démocratie.

Programme pompeux, mais menteur et dangereux.

Avec la République, la réalité affreuse provoque toujours une réaction : le mal est patent, ses attaques brutales, sans déguisement; on le sent promptement, et on trouve dans la douleur même la force de le repousser.

La Révolution organisée sous les dehors de l'ordre et de la prospérité matérielle conduit à l'esclavage par un chemin semé de fleurs.

Là est le vrai danger, parce qu'il est caché.

Ce danger, c'est l'Empire.

Il ne faut pas le dissimuler, ce gouvernement despotique a jeté, malgré ses fautes, de profondes racines dans le pays.

L'Empire doit cela au tempérament enthousiaste du Français, pour qui la gloire militaire et l'audace ont toujours eu un attrait irrésistible, et surtout aux circonstances mêmes dans lesquelles ce gouvernement s'est élevé à deux reprises différentes.

Nous allons d'abord étudier la doctrine même des impérialistes; puis,en étudiant cette doctrine dans les applications faites, nous verrons où l'Empire, avec ses promesses et ses serments solennels, a conduit la France confiante.

CHAPITRE V

L'EMPIRE ET SES PRINCIPES

En 1789, il s'agissait d'amender, par des institutions en harmonie avec le progrès des esprits, la Monarchie absolue, qui n'avait plus sa raison d'être.

Il advint malheureusement que la Révolution se substitua à la Réforme, la question sociale à la question politique, le pouvoir anarchique de la multitude au pouvoir d'un seul, le règne de la Terreur et du Sang au règne de l'Ordre et de la Paix.

Après cette République imbécile et sanguinaire, survint l'Empire avec sa gloire militaire, puis ses désastres, dont les conséquences pèsent si lourdement sur les générations actuelles.

L'Empire a la prétention d'être le compromis anodin entre l'Autorité et la Révolution, la conciliation de ce qui est logiquement inconciliable. C'est ainsi qu'en dépit de sa doctrine sophistique, l'Empire est la forme la plus absurde de gouvernement; c'est la consécration de ce que la Révolution a de mauvais, la suppression de ce qu'elle a de légitime et de bon.

La Révolution avait abattu la Monarchie absolue,

l'Empire fait revivre cette institution surannée dans le pouvoir personnel.

La Révolution avait substitué la volonté du nombre au respect du droit national et des institutions traditionnelles se transformant suivant les besoins du temps, avait, en un mot, substitué l'instabilité à la stabilité, et c'est justement cette absurdité que l'Empire adopte.

L'Empire proclame le principe de la souveraineté absolue du nombre : hâtons-nous de dire que ce principe n'étant pas praticable, l'empereur l'escamote au moyen du procédé plébiscitaire.

C'est à ce tour de charlatan que l'Empire doit sa popularité. Le peuple s'entend appeler souverain, il se rengorge, prenant au sérieux cette menteuse flatterie, et, comme le corbeau de la fable laisse échapper son butin, il laisse échapper tous ses pouvoirs et tous ses droits.

Pauvre abusé, il s'aperçoit toujours trop tard que les flatteurs vivent aux dépens de ceux qui les écoutent.

Les Napoléons sont les pîtres de cette comédie, et le peuple français en est la dupe.

Mais laissons de côté les Bonapartes, nous nous en occuperons au chapitre suivant en esquissant leur histoire ; occupons-nous ici seulement de la doctrine impérialiste au point de vue philosophique.

Nous disions que l'Empire proclamait la souveraineté du nombre, et disait n'être lui-même que le dépositaire de cette souveraineté.

La conséquence forcée de cette doctrine est que la majorité, s'affirmant par le nombre, peut retirer ce dépôt lorsque cela lui plaît. Mais comment le peuple réclamera-t-il sa souveraineté ? Mais, direz-vous, de la même façon qu'il l'a déléguée. Voyons et précisons.

Le peuple, par un plébiscite, dépose sa souveraineté entre les mains d'un empereur ; le peuple ne peut donc retirer ce dépôt que par un nouveau plébiscite.

Or, l'empereur seul peut ordonner un plébiscite : la prudence la plus élémentaire lui commande de ne le faire que s'il est certain du résultat ; vous le voyez, c'est très simple. Ne vous récriez pas : l'empereur est un homme comme les autres ; lorsqu'il tiendra le pouvoir, il ne l'abandonnera pas bénévolement.

Mais, direz-vous, le peuple possède encore le moyen de manifester sa volonté dans l'élection des députés. Cela est faux. Les députés sont nommés pour voter les lois d'organisation ou d'impôt ; mais le peuple seul, par voie de plébiscite, a le droit de toucher à la question de gouvernement.

Mais si la majorité des députés est hostile à l'empereur ? L'empereur, en vertu de son élection directe par le peuple, a seul le droit de parler au nom de la France : les députés sont les élus de circonscriptions distinctes et n'ont pas pour mission de constituer, mais de légiférer ; si donc ils attaquaient le gouvernement de l'empereur, s'ils voulaient le renverser, ils se mettraient en état de révolte contre l'autorité établie, et l'empereur serait en droit de les traiter comme des rebelles.

En supposant que l'empereur poussât l'indulgence jusqu'à ne pas les envoyer à Cayenne, du moins il les renverrait chez eux, et ferait procéder à de nouvelles élections. Dans le cas où le scrutin ne parlerait pas à son gré, il lui resterait à déclarer le territoire en état de siége pour faire un coup d'Etat et se débarrasser de ses ennemis. Il ne faut pas oublier que l'empereur est le commandant suprême des armées et de la police.

Aussi, pour couper court à toutes ces difficultés, un ministre de l'Empire libéral écrivait dernièrement, qu'après un plébiscite, quiconque attaquerait le gouvernement serait condamné au bannissement perpétuel.

Vous voyez ce que devient la souveraineté du peuple : une pure conception reléguée dans le domaine des rêves.

En fait, il doit en être ainsi, car si l'Empire voulait

être conséqûent avec son principe, il s'ensuivrait que le peuple, en élisant un empereur, n'abdique pas sa souveraineté, mais seulement l'exercice de cette souveraineté. Dès lors, le peuple devrait, à l'aide d'une institution à établir, être à même de défaire ce qu'il a fait, lorsque cela lui plairait. Le peuple ne pouvant pas en droit aliéner sa souveraineté, toutes les compétitions doivent être libres dans leur action, pourvu que l'ordre ne soit pas troublé dans la rue; tout citoyen doit pouvoir légalement travailler à faire changer la majorité. Le jour où la majorité change et renverse le pouvoir, elle use d'un droit imprescriptible, celui de se gouverner à sa guise.

Nous revenons forcément à cet axiome révolutionnaire : La souveraineté du peuple est le provisoire perpétuel.

L'Empire lui-même comprend très bien que son principe est absurde : aussi, vite comme il en fait litière! L'Empire se proclame héréditaire tout en étant électif.

Comprenne qui pourra.

Ce qui me semble le plus clair en tout ceci, c'est que l'Empire a beau se tourner et se retourner, il est fatalement amené à être absurde dans son principe et despotique dans son action.

En principe, le titre d'empereur est donné par l'élection, la dignité impériale se donne par un vote et ne peut se transmettre par hérédité. Ainsi, un empereur ne peut être qu'un président de république à vie. Quoi qu'il en soit, si l'autorité provient du peuple, le pouvoir ne peut être donné d'une façon irrévocable. Une génération ne peut engager les générations suivantes ; la même génération conserve en principe le droit de se déjuger. Mais enfin, mettant la logique de côté, supposons que l'empereur une fois élu soit assuré de passer toute sa vie sur le trône : ce régime est essentiellement personnel puisqu'il est électif. Lors donc que l'empereur vient à mourir, le peuple souverain n'est pas nécessairement obligé de porter son choix sur l'héritier naturel du défunt, rien même ne l'oblige à choisir le nouvel empereur dans la famille du souverain décédé : tout général, tout homme politique ayant montré dans sa carrière qu'il est capable de diriger le pays, peut se porter candidat à la dignité impériale.

Ah ! vous le voyez, l'Empire honnête et loyal est le plus dangereux des gouvernements ; il donne naissance aux compétitions du pouvoir suprême, il donne naissance à des partis qui se forment autour des candidats. Si ces candidats sont des généraux, l'armée se divise ; nous arrivons encore à l'anarchie, à la ruine.

Ce n'est pas de la fantaisie, prenez l'histoire et voyez où ce gouvernement a conduit la Pologne.

L'Empire, pour donner l'ordre matériel, est forcé d'être despotique, de supprimer la liberté ; et s'il veut assurer la stabilité, devient une usurpation, car en se proclamant héréditaire, il renie son origine élective. Alors, comme tout pouvoir reposant sur une fausseté, il arrive à la compression, et à la compression brutale, à la monarchie absolue dans tout ce qu'elle a de plus despotique.

Oui, la souveraineté du peuple étant admise, l'Empire héréditaire est une usurpation.

J'ai souvent eu occasion de discuter avec des impérialistes, qui mettaient bravement à l'eau le principe électif pour faire de l'Empire, d'origine révolutionnaire, un Empire légitime, héréditaire. Ils reconnaissaient, en effet, avec moi, l'inanité et le danger de la doctrine du peuple souverain absolu.

Comme je leur disais alors : « Mais, vous avez beau » dire, c'est un fait évident que l'Empire est un gou» vernement révolutionnaire ; » ils me répondaient : « Non. C'est vrai, les pouvoirs de l'Empire, comme à » leur origine les pouvoirs de toutes les monarchies » héréditaires, lui sont donnés par le peuple ; seulement, » le peuple, après cet acte libre, est lié à l'Empire, » puisqu'il accepte une Constitution dans laquelle est

» établie l'hérédité du pouvoir dans la famille impé-
» riale. Aussi, Napoléon III, en 1870, n'a pas demandé
» la confirmation de ses pouvoirs (*il les regardait*
» *comme irrévocables*), il demandait purement et
» simplement si le peuple approuvait les changements
» opérés dans la Constitution. »

Cette réponse n'est rien autre que la négation de la souveraineté du peuple et la répétition du principe légitimiste.

Les impérialistes, admettant le principe d'hérédité, devraient s'apercevoir avec un peu de logique que, s'ils reconnaissent au peuple le droit de se lier, non-seulement pour le présent, mais de se lier pour l'avenir en engageant la postérité, la dynastie impériale n'est plus possible, et ils sont amenés à dire avec moi : l'Empire est une usurpation.

Le peuple, en effet, n'est pas absolument libre, il s'est lié, antérieurement à la famille des Bonaparte, à la famille des rois de France, et cette famille n'est pas éteinte.

Cela étant, les impérialistes reconnaissent donc au peuple le droit de se délier de ses engagements vis-à-vis de la famille royale, pour se lier à la famille Bonaparte. Si le peuple a le droit d'agir ainsi, la conséquence naturelle est son droit de se délier vis-à-vis de la famille Bonaparte quand cela lui plaira, comme il s'est délié vis-à-vis de la famille royale.

Nous revenons à la souveraineté absolue du peuple ne connaissant pas de droit supérieur à sa volonté.

Les impérialistes ont beau se tourner et se retourner, ils sont révolutionnaires dans leur principe. L'instinct conservateur domine chez eux et les amène à formuler une absurdité dans une doctrine affirmant et niant tout à la fois le principe d'hérédité.

Si le plébiscite de 1870 ne pouvait ajouter aucun pouvoir aux pouvoirs de l'empereur, si ce plébiscite n'était que ce qu'ils veulent dire, pourquoi un appel au peuple ?

Sérieusement, croient-ils le suffrage universel capable d'apprécier avec l'intelligence voulue des changements de Constitution ?

S'il est vrai que le fils de Napoléon III soit empereur par droit d'hérédité, pourquoi demander un appel au peuple ? Napoléon IV n'en a que faire.

Pour ces questions de Constitution, il est bien plus naturel qu'elles soient réglées par des députés. Les députés sont des hommes choisis par le peuple à cause de leur savoir, de leur expérience, de leur intelligence. Le peuple a confiance en eux et les charge de discuter, parce qu'il reconnaît lui-même n'avoir ni le temps ni les lumières nécessaires pour juger ces questions complexes, questions qui demandent par leur nature même des connaissances approfondies, des études longues et sérieuses.

Dès lors, pouquoi agiter le pays par l'appel au peuple ? c'est bien assez de l'agiter par les élections des députés.

Mais non, la véritable, la seule vraie doctrine bonapartiste est celle professée par le prince Jérôme, professée du reste par Napoléon III avant d'être empereur, doctrine que M. Rouher a lui-même indirectement consacrée en disant à la tribune : Les morts ne font pas la loi aux vivants. Les bonapartistes admettent donc la souveraineté absolue du peuple.

Si le peuple est souverain et qu'il se donne un maître, un empereur détenant en ses mains tous les rouages administratifs, distribuant places et faveurs, commandant en chef des armées de terre et de mer, faisant à son gré la paix ou la guerre, il n'y a rien de paradoxal à affirmer que peuple et empereur sont esclaves l'un de l'autre.

L'empereur a toujours à craindre de voir le peuple venir lui redemander sa souveraineté devenue illusoire ; aussi, est-il logiquement amené à supprimer la liberté de discussion, à étouffer toutes les voix qui ne chantent pas ses louanges. Dans ces conditions, l'empereur arrivera à se dérober au contrôle des représentants du pays en corrompant le corps électoral et les élus par tous les moyens en sa puissance. Le soin de son pouvoir, instable par principe, l'absorbera au point que, dans le cas de complications intérieures, il n'hésitera pas à chercher à l'extérieur une diversion dans la guerre, guerre où il jouera son pouvoir, et dont il devra sortir victorieux pour être certain de remonter sur son trône.

D'un autre côté, le peuple sait que le sabre et la proscription viendront le frapper s'il essaie de revendiquer sa souveraineté perdue ; aussi, est-il réduit à attendre en silence le moment où ce maître, accepté dans un moment d'entraînement ou de frayeur, tombera de lui-même.

Mais, direz-vous, toutes ces craintes sont purement imaginaires ; l'Empire est un pouvoir constitutionnel et représentatif, par conséquent, la nation a sa part de gouvernement.

Oui, je reconnais avec vous que l'appareil représentatif existe, mais je nie formellement qu'il fonctionne en toute sincérité, par cette raison qu'il ne peut pas fonctionner d'une façon réelle ; voici pourquoi :

L'Empire est un gouvernement électif, attribué directement par le peuple à l'empereur. L'empereur est donc, non pas le chef incontesté de la nation, mais le chef de son parti. Or, un chef de parti au pouvoir est nécessairement obligé de ne gouverner qu'avec son parti : sa préoccupation constante sera d'enchaîner l'opinion publique pour qu'elle ne change pas. L'Empire ne peut donc pas gouverner en vue de l'intérêt général. Lorsque l'intérêt général se confondra avec l'intérêt de parti, tout ira pour le mieux; mais si l'intérêt général vient à différer de l'intérêt de parti, ce dernier prévaudra toujours.

Dans ces conditions, le gouvernement impérial est un gouvernement exclusivement personnel ; personnel quant au mode de sa formation, personnel quant à sa politique générale.

Que devient alors l'appareil représentatif? Un luxe très inutile.

Le Sénat, choisi exclusivement par l'empereur, n'a aucun caractère d'indépendance.

La Chambre des députés est annihilée par la personne de l'empereur, seule responsable envers le pays, et par le Sénat, inféodé au souverain.

L'empereur, en effet, directement élu, est directement responsable; ses ministres sont couverts par sa responsabilité. La Chambre n'a ainsi aucune influence sur le ministère, et le ministère comme le Sénat n'ont, vis-à-vis de l'empereur, aucune indépendance.

Or, n'est-il pas évident que cette responsabilité de l'empereur est une ridicule plaisanterie. Comment cette responsabilité deviendra-t-elle effective? Quand et comment l'empereur sera-t-il jugé? Par le peuple? Il faudrait d'abord supposer que le peuple a l'intelligence nécessaire et les documents authentiques indispensables pour porter un jugement sérieux.

Mais, disent les impérialistes, les monarques, par le fait, supportent toujours la responsabilité des actes de leur gouvernement. On ne peut échapper à cette responsabilité.

En règle générale, sous un gouvernement vraiment représentatif, sous un monarque agissant d'accord avec les deux Chambres, celle du peuple et celle des grands intérêts, librement élues, cela est faux.

Voyez en Angleterre, en Belgique, dans tous les Etats où le gouvernement personnel n'existe pas : ce ne sont pas les souverains qui portent le poids de la responsabilité, ce sont les ministres. Du reste, le souverain est déclaré irresponsable, les ministres seuls le sont. Si le fait vient quelquefois démontrer l'inverse et confond dans la même responsabilité le souverain et les ministres, c'est toujours parce que le souverain s'est montré trop personnel et a abusé de son influence.

Du reste, dans les pays où le souverain est irresponsable, le pouvoir royal est héréditaire et non électif : cela se comprend, la succession peut appeler au trône un enfant ou un adolescent sans expérience;

alors, quelle responsabilité cet enfant ou cet adolescent peuvent-ils réellement encourir ? Aucune, car ils sont incapables d'user du pouvoir personnel.

Mais les souverains personnels eux-mêmes font bon marché de leur responsabilité ; nous en avons la preuve de nos jours. Napoléon III, ou du moins son parti, ne rejettent-ils pas les fautes de l'Empire sur des ministres : sur le maréchal Le Bœuf, sur M. Emile Ollivier, sur le général Trochu. D'ailleurs, si malgré ses désastres, l'Empire n'avait pas croulé, en quoi aurait consisté la responsabilité de Napoléon III ? Tout se serait passé absolument comme s'il n'avait pas été responsable.

Donc, l'Empire est un pouvoir essentiellement despotique.

L'élection dans ces conditions fait revivre la Monarchie absolue dans ce qu'elle a de mauvais, et lui enlève précisément les deux seules choses que cette forme de gouvernement ait de bon : *la stabilité par l'hérédité* et la direction gouvernementale non renfermée dans les limites d'un parti égoïste et exclusif. De plus, l'élection directe du souverain fait que la responsabilité gouvernementale se tient dans les nuages, l'empereur et les ministres se la renvoyant mutuellement.

Il ressort évidemment de tout cela, pour un homme impartial, que l'Empire n'est pas l'autorité par la démocratie, mais l'absolutisme ; n'est pas le couronnement de ce que la Révolution a de bon, mais au contraire la négation des conquêtes de la Révolution. Avec l'Empire nous revenons à Louis XIV, car l'empereur peut s'écrier : l'Etat, c'est moi. Si nous avions traversé quatre-vingts ans de secousses et de déchirements pour arriver à ce résultat, il ne faudrait plus répéter que le peuple français est le peuple le plus intelligent de la terre.

Cet égarement pour un peuple si jaloux de sa liberté serait excusable dans le cas où l'Empire nous aurait comblés de bienfaits ; mais, franchement, pour revenir à ce gouvernement après les essais dont nous sommes victimes, il faudrait être bien aveugle.

Par ce temps d'écœurement politique, d'affaiblissement moral et intellectuel, si la logique n'a pas de prise, essayons du moins d'exciter dans les masses le sentiment élémentaire, ou plutôt l'instinct de la conservation, en énumérant les fautes de l'Empire.

CHAPITRE VI

L'EMPIRE ET SON HISTOIRE

Si, malgré ce qui précède, vous en étiez encore, chers lecteurs, à croire le peuple souverain ; si, dégoûtés de la Révolution par le gouvernement insensé de la République, vous aviez du moins la confiance de trouver un refuge assuré pour son principe fondamental dans l'Empire plébiscitaire; si, malgré la logique, vous vous laissiez aller à penser que l'Empire étant issu de l'appel au peuple est vraiment l'autorité par la démocratie, est, en un mot, la mise en pratique de l'impraticable principe de la souveraineté du Nombre, prenons l'histoire et voyons si les faits ne viennent pas ici confirmer pleinement la philosophie politique.

Je reconnais qu'en fait de gouvernement, s'il ne faut pas faire fi de la logique, il faut surtout demander à l'expérience et à la pratique la résolution du grave problème.

Prenons donc l'histoire; suivons-la sans nous laisser éblouir par l'éclat trompeur de gloires éphémères toujours suivies, hélas! de ruines et d'invasions; nous acquerrons alors la certitude que les Bonapartes sont des aventuriers qui nous coûtent très cher, des tartufes qui nous ruinent en ayant l'air de nous enrichir. Les empereurs nous démontreront eux-mêmes l'inanité du principe révolutionnaire dont ils se servent pour parade seulement; avec lequel ils jonglent au grand ébahissement de leurs pauvres dupes, principe que, du reste, ils escamotent prestement au moyen de leur procédé plébiscitaire, vulgairement appelé avec juste raison le jeu de la carte forcée.

Bien entendu, je ne parle ici que du plébiscite napoléonien, car seul il a une apparence intrinsèque de valeur, en ce sens qu'il répond à une question unique. Quant au plébiscite républicain, consistant à soumettre à la sanction populaire le bloc indivisible d'une constitution complexe, son absurdité manifeste se passe de toute démonstration.

Le plébiscite, étant le vote émis par un peuple entier sur une question posée, doit, comme tout vote, pour avoir quelque valeur, être parfaitement libre. Or, un vote est-il libre lorsqu'il a pour objet de ratifier ou d'infirmer un fait accompli ?

Certainement, s'écrient les bonapartistes, le scrutin est secret ; chaque citoyen est libre de déposer dans l'urne la réponse qui lui plaît. En théorie, c'est vrai ; de fait, c'est faux.

Le plébiscite, au sujet des changements opérés à la suite du coup d'Etat du 18 Brumaire, était-il sérieux ? Bonaparte avait chassé les députés, intimidé le peuple par des actes de despotisme et de dictature ; il avait pris le titre de Consul. Pendant quatre mois il bouleverse l'administration, fait sentir sa main de fer dans toute la France, et enfin consent à demander son avis au peuple français. De fait, Bonaparte commande déjà en maître suprême, il a toute l'armée à son service, la police et l'administration sont à ses pieds, il tient en un mot le gouvernement.

Le peuple avait-il la puissance de protester ? La nécessité ne l'obligeait-t-elle pas à s'incliner, à ratifier? Il sentait et comprenait très bien que protester était la guerre civile, et la guerre contre un soldat heureux, chéri des troupes. Il était alors clair, pour tout homme pratique, qu'un général ambitieux ayant eu l'audace de s'imposer par la force, n'hésiterait pas à employer le même argument pour réduire au silence le pays s'il eût essayé de protester.

Le plébiscite, dans ces conditions, est donc simplement une vaine comédie, une pasquinade ; c'est, nous l'avons déjà dit, le tour de la carte forcée. Au fond, la question est celle-ci : Voulez-vous de moi ou de l'anarchie ?

J'entends déjà les ardents admirateurs du droit moderne, appelé droit du sabre, me dire en haussant les épaules : Pouvait-on faire autrement ? Aux situations exceptionnelles, les mesures exceptionnelles.

Sans être un partisan exclusif du sabre-roi, qui me répugne comme moyen unique de gouvernement, il m'est avis que l'usage de la force et de l'arbitraire est nécessaire dans certaines circonstances.

Après l'horrible et dégoûtante orgie décorée du nom imposant de Grande Révolution, la France, meurtrie, avilie, souillée, écœurée, lasse d'anarchie et de sanglantes saturnales, avait soif de stabilité, d'ordre et de justice, était prête à rentrer dans la tradition pour se soustraire aux empiriques qui l'égorgeaient.

Napoléon apparut comme un sauveur. Son prestige sur l'esprit français, conquis par les brillants faits d'armes d'un génie militaire admirable, les circonstances extraordinaires au milieu desquelles la Providence l'avait placé, tout le désignait comme devant être le dompteur de la Révolution.

Aussi, lorsque, obéissant à sa mission providentielle, Bonaparte saisissait le pouvoir d'une main ferme, il accomplissait une action louable. Mais lorsqu'il obéissait à une ambition sans mesure en prenant la couronne, Bonaparte commettait une mauvaise action : il se perdait, et en se perdant, il nous perdait. Il avait le droit et le pouvoir de nous sauver ; mais en agissant comme il l'a fait, ne pensait-il pas davantage à lui-même qu'à la France ?

Deux partis existaient : le parti de la monarchie nationale et le parti anarchique ; à cette division, il vint ajouter un nouveau ferment de discorde, il créa sa dynastie.

Il eût pu renouer, dans notre pauvre pays ébranl

jusque dans ses fondements ; la chaîne violemment brisée de la tradition et de la constitution nationales ; il eût pu remplir avec non moins de gloire que de dignité, avec une fierté aussi noble que désintéressée, le rôle bienfaisant de Monck : comme ce dernier en Angleterre, il eût pu substituer à l'anarchie notre vieille royauté séculaire revenant avec des institutions en harmonie avec le temps.

L'héritier du trône, le libéral Louis XVIII, par ses idées larges et ses principes conformes aux principes de la réforme commencée sous Louis XVI, ne lui laissait pas l'excuse de prétendre que le roi légitime était impossible en France.

Si Napoléon avait agi avec cette sublime modestie, avec cette patriotique sagesse, la patrie eût été sauvée et la Révolution, à jamais déshonorée, ensevelie sous ses excès, sous ses turpitudes sans nom.

Après un moment d'ivresse, la nation serait rentrée dans l'ordre. Les idées modernes seraient sagement entrées dans les institutions nouvelles, et nous n'aurions plus aujourd'hui à envier la Constitution anglaise avec ses bienfaits et ses avantages inappréciables.

Mais non, dans son ambition effrénée, Bonaparte repoussa le droit national pour admettre le principe absurde de la souveraineté du Nombre. Du reste, il n'admettait la doctrine révolutionnaire que pour s'en servir au gré de ses vues. Pendant son consulat, il prépara soigneusement son avénement au trône et prit le titre d'empereur, puis il demanda au peuple, quelques mois après, si cela lui convenait.

Je reconnais volontiers que la comédie fut parfaitement jouée : il feignait avec candeur de respecter la volonté du peuple. Comme après le 18 Brumaire, il fit un plébiscite : le troupeau était dompté, et le peuple asservi acclama César.

La Révolution avait renversé les rois prêts à réformer sagement et progressivement ; elle avait préféré le règne de la rue au principe d'hérédité ; elle devait finir sous la botte d'un tyran. Un peuple a toujours le gouvernement qu'il mérite.

Mais enfin, on a vu de grandes nations monarchiques briser la tradition, l'ordre de succession au trône et parvenir à constituer un bon gouvernement. Aussi, est-il permis de supposer que si Napoléon Ier avait pu appliquer son génie incontestable à la fondation d'un gouvernement vraiment réparateur ; s'il avait eu la volonté et la puissance de rompre en visière avec la Révolution dans toutes ses conséquences, de faire fleurir dans des institutions paternelles et libérales la vraie liberté, la postérité n'aurait peut-être à la longue plus pensé à son usurpation.

Mais cela était-il possible ? Un usurpateur ambitieux venant semer la division dans un pays déjà divisé, cela dans l'intérêt seul de sa propre personne, pouvait-il peu à peu rétablir l'ordre, la liberté et une autorité aimable et respectable ? Les faits sont là pour répondre à ce sujet ; je leur laisse la parole.

Les faits sont plus éloquents que tous les raisonnements possibles.

Quoi qu'il en soit, la France, de gré ou de force, en se soumettant à Napoléon, croyait se soumettre à un libérateur ; sa confiance fut trompée, car elle ne trouva en lui qu'un tyran égoïste. César fit de la patrie une victime sanglante immolée sur l'autel de son ambition. Les Français furent pour lui de simples instruments, dont il se servit pour satisfaire son orgueil, sa passion effrénée de domination et de gloire.

Oui, le Corse fameux dont le nom fit trembler le monde entier, ce génie grand comme Alexandre ne sut être, en définitive, que l'ingrat bourreau de sa docile patrie.

Après quinze ans de guerres incessantes, la plupart du temps capricieuses et injustes, le colosse impérial tomba lourdement, laissant son pays épuisé par des sacrifices inouïs d'hommes et d'argent, le territoire foulé aux pieds par les soldats de toute l'Europe coalisée contre nous, ou plutôt contre les excès de cet homme fatal.

Pour nous, pauvres abusés, qu'avions-nous gagné à ces quinze années de gloires chèrement achetées; que devions-nous de reconnaissance au héros de cette sanglante épopée? L'orgueil d'avoir vu les souverains d'Europe porter, la rage au cœur, le manteau impérial? Un moment de folle ivresse?... et puis?... et puis, des générations entières, la fleur de la jeunesse, mitraillées et blanchissant de leurs ossements les plaines de toute l'Europe; le sol dévasté, la richesse nationale épuisée par des dépenses incalculables et la rançon payée aux vainqueurs. Si là s'étaient arrêtées les funestes conséquences de cette terrible leçon! Mais Bonaparte nous léguait un héritage plus accablant encore : il nous léguait la haine de tous ces peuples par nous humiliés, par nous égorgés, insultés et vaincus, haine que deux horribles invasions consécutives n'avaient pu éteindre, haine que ravivait naguère la stupide politique extérieure de Napoléon III, haine que l'Allemagne, par lui sottement agrandie, vient d'assouvir en nous terrassant sans pitié ni merci, haine que l'Europe entière a aussi sournoisement satisfaite en assistant impassible à nos défaites, à nos humiliations. Oui, si, en 1870, l'Europe nous laissa écraser, si elle ne fit pas le moindre mouvement pour adoucir nos désastres et nos capitulations, c'est à l'Empire que nous devons cette hostile indifférence. Les fautes de l'Empire ont pesé sur nous de tout leur poids. En 1815, Louis XVIII, avec son nom et son patriotisme, conjura le courroux et fit respecter l'intégrité du territoire. En 1870, nous rendîmes nos armes, nos canons, on nous arracha cinq milliards et la ceinture de forteresses construites par nos rois : la Monarchie n'était pas là pour les disputer, à l'aide de son influence, au vautour de Prusse. Alsace et Lorraine, chères victimes de l'Empire et de la République, patriotiques provinces conquises sous nos rois, souvenez-vous de qui vous a perdues !

Aujourd'hui encore, à notre faiblesse et notre impuissance, vient s'ajouter l'indifférence de l'Europe : nous ne sommes plus assez forts pour être haïs, on nous méprise, et nous subissons toute sorte d'affronts en rougissant. Plaise à Dieu que nous ne sentions pas bientôt les derniers effets de cette haine implacable contre nous, allumée et stupidement entretenue par la politique révolutionnaire de l'Empire.

La première République et le premier Empire, après avoir gaspillé toutes nos forces nationales, n'ont seulement pu nous offrir en compensation une conquête sûre, un agrandissement quelconque, ou du moins la tranquillité.

Au contraire, si la Monarchie nationale fut parfois despotique et injuste, du moins elle nous avait laissés avec des frontières sûres, de riches colonies, une armée sans égale, une marine rivale de la marine anglaise.

La République et l'Empire, après nous avoir ruinés, nous ont laissés sans défense contre l'étranger, sans armée, sans marine, sans colonies.

Quant à Bonaparte, il mourut en exil bourrelé de remords, après avoir un moment satisfait son immense ambition, réalisé son rêve : Dominer le monde !

Il nous avait brisés à l'œuvre sans sourciller : il n'avait pas même senti dans sa poitrine d'airain ce sentiment vulgaire qui porte l'artisan à aimer l'instrument de son travail, son aide dans l'œuvre entreprise. Non ; il n'a pas aimé la France. La France comme l'Europe ne furent que les jouets de son caprice. Il n'aimait que lui, lui et c'était tout.

Les choses utiles que fit Napoléon, il les fit dans un entiment essentiellement égoïste. S'il nous a fait quelque bien, nous l'avons du reste assez chèrement payé en retour ; je crois à ce sujet que nous ne lui devons rien, au contraire.

Le rétablissement de la religion fut pour nous un grand bienfait ; mais n'oublions pas que c'est pour lui et non pour nous qu'il fit revivre le culte. Il avait un trop grand génie pour ne pas savoir qu'un peuple sans croyances religieuses est un peuple indomptable. Bonaparte envisagea la religion comme moyen de domination : il n'y croyait pas autrement le geôlier de Pie VII, le souffleteur de Pape. Connaissait-il seulement une loi morale l'assassin du duc d'Enghien, l'auteur du guet-apens de Bayonne ?

En lisant aujourd'hui l'histoire de France, sans parti pris comme sans préjugés, en dehors de la pernicieuse influence excercée sur son époque par le prestige de ce génie brillant, on est en droit de s'étonner que Napoléon Ier n'ait pas été aussi le dernier souverain de sa race.

Après deux invasions, après Waterloo, il ne devait plus être question des Napoléons, et le prince Jérôme, l'ex-roi de Westphalie, prononçait, à la fin de cette bataille, ces paroles mémorables qui résumaient bien la situation ;

« C'est ici que doit périr tout ce qui porte le nom de Napoléon. »

Pour la France, et pour la famille des Bonapartes, que n'en a-t-il été ainsi : nous n'aurions pas vu Sedan.

Si mon appréciation sur Napoléon Ier semble outrée, injuste et sévère, du moins, je ne voudrais pas que l'on se méprît à ce sujet.

Ce que j'ai dit de l'homme n'a pas été dit pour passer au-dessus de sa tête et atteindre la France, ou du moins les glorieux serviteurs de l'Empire.

Toutes les gloires de la France, sous le règne de Napoléon Ier, je les vénère et les respecte, mais je ne peux pardonner à l'homme le mal qu'il nous a fait, surtout en songeant au bien qu'il eût pu faire.

Le bien qu'il nous a fait, nous le lui avons surabondamment payé ; on peut donc le juger sévèrement sans mériter le reproche d'ingratitude. Il ne sut pas répondre à la France, alors que la France lui répondait avec son héroïsme le plus pur.

Vinrent ensuite trente-trois années de Monarchie durant lesquelles nous cicatrisâmes patiemment les plaies vives de la Révolution et de l'Empire, imprimâmes un puissant effort à l'industrie nationale, à la richesse publique, à la littérature, à tous les beaux-arts ; et alors que les trésors de numéraire, peu à peu accumulés durant cette longue période, étaient prêts à donner leur précieux concours aux découvertes de la science moderne, la Révolution nous fit verser de nouveau dans la sanglante ornière de 93. La menace du socialisme arrêta net le mouvement ascendant de l'industrie et de la fortune publique.

La première République était déjà loin de nous, et la France n'avait cessé d'être travaillée depuis la Restauration par les écrits dangereux d'une phalange d'utopistes et de rêveurs à conceptions idéales, impraticables. D'un autre côté, la société avait été mal défendue contre les envahissements de ces productions malsaines. Les ministres, dominés par l'ambition, absorbés par la lutte parlementaire et la chasse aux portefeuilles, négligeaient ce qui ne servait pas leurs rancunes personnelles.

La Monarchie de Juillet n'eut pas d'ennemis plus dangereux que ses amis.

Lamartine, dans son Histoire de la Révolution de 1848, jetant un regard en arrière, recherche les causes de l'affaiblissement du pouvoir royal, au point de le rendre si facile à renverser, et il désigne M. Thiers dans le passage suivant :

« Les discours qui avaient tant servi à consolider la » Monarchie de Juillet pendant les premières années » de sa faiblesse, servaient maintenant à la déraciner » de l'estime et du cœur de la nation. Le parti républicain, trop peu nombreux dans la Chambre pour » s'y faire écouter, applaudissait avec complaisance » aux mordantes et spirituelles attaques dirigées par

» cet orateur contre la Couronne. Ces agressions et
» ces audaces de critique personnelle semblaient
» acquérir une autorité d'opposition plus ruineuse, en
» empruntant la parole d'un ancien ministre et d'un
» ami de la Royauté. »

Se laissant aller au courant, la France tomba dans le précipice. Nous n'étions pas convaincus de l'inanité des utopies révolutionnaires ; nous nous obstinions à être, avant tout et malgré tout, révolutionnaires. L'autorité indiscutable pesait à la France, et elle aspirait à une liberté inconnue, à un âge d'or promis par des journalistes rêveurs, par des ambitieux sans scrupule ou des fous en politique. Les classes ouvrières et pauvres étaient séduites par les horizons d'égalité sociale, que les doctrines des Saint-Simon, des Fourrier, des Proudhon et des Louis Blanc leur avaient fait entrevoir.

Nous tombâmes dans le chaos, la guerre civile : de nouveau, les excès des révolutionnaires préparaient les esprits à la dictature. Le prince Louis-Napoléon, fièrement drapé dans la gloire militaire de son oncle, se présenta à la nation et sut profiter des circonstances pour s'imposer à elle.

En parfait candidat, il parlait au peuple le langage des courtisans ; il flattait adroitement sa manie, son rêve chimérique en brûlant de l'encens à cette souveraineté populaire dont il riait au fond du cœur, dont il se promettait bien de faire litière au moment voulu.

La France avait soif de tranquillité, d'ordre et de travail : exploitant avec habileté ces tendances de l'opinion publique, Bonaparte fit comme son oncle, s'empara d'abord du pouvoir par un coup d'Etat, sauf à demander ensuite ratification de sa conduite.

Toujours le jeu, traditionnel dans cette famille, de la carte forcée.

Son nom subjugua le peuple. Depuis plus de trente ans, les poètes et les romanciers avaient pris le nom de Napoléon pour synonyme de gloire : on ne se souvenait de l'empereur que pour se souvenir de notre marche victorieuse à travers l'Europe tremblante ; on ne se souvenait surtout de l'empereur que pour se souvenir du dompteur des jacobins et des socialistes. Or, la France sentait le besoin de stabilité dans le gouvernement. Bonaparte prétendait concilier ce qui est inconciliable, la stabilité et la Révolution. La France crut à la possibilité de cette monstrueuse alliance.

Un jour, on apprit que Napoléon avait dispersé les représentants du pays, fusillait, emprisonnait ou déportait les défenseurs de la légalité existante.

Cela fait, après avoir de longue main préparé, avec l'aide d'amis adroits et sans scrupules, la solution désirée, il voulut bien demander aux électeurs s'ils consentaient à le nommer empereur.

Comme son oncle, il s'adressait au pays le sabre au poing, la menace aux lèvres, et lui disait : Peuple, tu es souverain maître de tes destinées ! Prononce-toi ; te convient-il que je sois empereur : oui ou non ?

Oui : je reste.

Non : je reste quand même.

Car enfin, n'est-ce pas en réalité cela ? N'est-ce pas le sens exact de votre insidieux appel au peuple, vous dont l'avénement au pouvoir est toujours précédé de fusillades, de déportations, de tribunaux mixtes rendant des arrêts de complaisance contre vos adversaires armés après tout pour la défense de la loi ?

Où était le droit au 2 Décembre ? où était le crime ? où était la loi ? où était la tyrannie ? Si Bonaparte n'avait pas réussi dans son effraction, n'aurait-il pas pu être légalement condamné à porter sa tête sous le couperet qui délivre la société des êtres malfaisants ?

En assassinant Louis XVI on avait violé la justice et les lois.

Si on eût condamné et exécuté Napoléon après son coup d'Etat, pourrait-on en dire autant ?

L'intimidation brutale dont il s'est servi, son cynisme à violer ses serments et les lois, son audace criminelle et aventureuse ne disaient-ils pas clairement au peuple : Réponds oui, car si tu réponds non, je reste quand même, et recommence jusqu'à ce que tu dises oui.

Bonapartes ! vous vous imposez brutalement, lâchement, criminellement pour être nos sauveurs ; si cela était encore, à la longue la postérité vous excuserait peut-être, mais vous ne savez être que nos bourreaux.

Vous commencez au 18 Brumaire et au 2 Décembre pour disparaître avec vos aigles déplumées à Waterloo et à Sedan, sans que jamais la terre de France ait vu couler de vos veines une seule goutte de sang pour la défendre contre l'étranger par vous attiré.

Aussi, en parcourant un jour une feuille bonapartiste intitulée l'*Ordre*, je n'ai pu m'empêcher de pousser un cri d'indignation à la lecture des lignes suivantes :

« Un parti comme le nôtre n'a que faire de certai-
» nes habiletés compromettantes. L'honnêteté lui
» suffit, et d'ailleurs le sentiment le plus élémentaire
» de ses intérêts lui conseillerait de ne pas créer, au
» lendemain dont il est sûr, des précédents regret-
» tables. »

Oh ! en vérité, les auteurs d'une pareille affirmation poussent trop loin l'audace, et, comme les augures de l'antiquité, les rédacteurs de l'*Ordre* doivent éclater de rire en se regardant.

Quoi qu'il en soit, admettant qu'aprés le coup d'Etat la France ait capitulé de bonne grâce, avec plaisir même, il n'en est pas moins vrai que la France croyait se donner à un sauveur.

Qu'a-t-elle trouvé ? Nous l'avons déjà dit : un bourreau.

Ne vous récriez pas, messieurs les bonapartistes, oui, un bourreau. Je vous accorde, qu'avant le sacrifice la victime a été soigneusement engraissée, couverte de fleurs, mais en définitive la victime a été immolée.

Après le plébiscite, Napoléon III régna avec les apparences de la légalité révolutionnaire, mais ayant reconnu le peuple comme souverain absolu, et la volonté de celui-ci étant changeante, il lui importait beaucoup de la fixer.

Garder et s'approprier par un long usage le dépôt forcé fait entre ses mains : telle était sa politique intérieure.

L'origine révolutionnaire de l'Empire le condamne à être despotique. Le jour où l'Empire n'est plus despotique, il est mort. Son principe étant instable est vite renversé par la liberté.

En effet, un pouvoir qui, tout en se disant héréditaire, peut être, par son principe même, perpétuellement mis en discussion, est conduit à être illogique et arbitraire, c'est-à-dire à étouffer toute espèce de discussion et à n'autoriser que les louanges.

Comment cela, direz-vous ; le jour où le peuple a reconnu un pouvoir, ce pouvoir est légitime par ce fait qu'il est librement accepté de la majorité, et nul ne peut l'attaquer.

D'abord, l'Empire n'a jamais consulté librement le peuple ; et lors même, admettons la liberté du vote : quelle est sa signification ? Vous admettez que le peuple est souverain ? L'Empereur n'est donc qu'un mandataire révocable par la majorité. Or, la majorité ne peut trouver le moyen d'éclairer son vote que par la discussion.

Mais la discussion pouvant faire changer la majorité, voilà pourquoi c'est au gouvernement de l'empereur qu'il fut donné d'instituer le fameux système de l'oppression de la presse et l'institution non moins fameuse des candidats officiels.

Cette variété du jeu de la carte forcée était exécutée par de petits prestidigitateurs appelés préfets, sous-préfets, gendarmes et gardes champêtres, lesquels intimaient l'ordre de voter pour tel candidat sous peine de se voir retirer les faveurs administratives.

Ce tour de passe-passe se faisait avec un cynisme révoltant.

Les fonctionnaires de tout grade et de toute espèce étaient contraints de devenir courtiers électoraux, s'ils avaient souci d'avancer ou de conserver leur position.

Le favoritisme, sous ses faces les plus impudentes, s'étalait partout, et malgré ces puissants moyens d'action, dès 1869, il était évident que l'Empire se mourait sous le mépris public.

M. Rouher, dans son langage académique, appelle cette corruption effrontée « contenir et diriger le suffrage universel. »

Est-ce sérieux ? Depuis quand le serviteur mène-t-il le maître à coups de bâton ? C'est le monde renversé.

Vous nous dites, Bonapartes, que le peupl est souverain : à lui donc de commander, à vous d'obéir. Vous intervertissez vraiment les rôles d'une façon fort plaisante. Les pîtres, dans leurs farces burlesques, ne trouveraient pas mieux.

Enfin, cela se passait ainsi ; les générations futures voudront-elles le croire ? Je ne serais pas étonné qu'elles s'y refusent et adoptent l'opinion que l'histoire a été falsifiée par les « haineux détracteurs de l'Empire. »

L'Empire gouverna donc sans contrôle sérieux. La prospérité matérielle vint endormir le peuple : les chemins de fer et la liberté du commerce vinrent accroître rapidement la fortune publique dans de larges proportions. L'or affluait de partout ; on se donnait follement aux plaisirs ; en apparence, tout allait pour le mieux. Napoléon III récoltait ce que Louis XVIII, Charles X et Louis-Philippe Ier avaient semé pendant les trente-trois années de leurs règnes tranquilles.

Le peuple, aveuglé par le bonheur, rendait grâce à l'Empire, rapportait tout à l'Empire ; celui-ci, de son côté, avait besoin pour son vorace appétit de développer de son mieux la richesse publique.

Comment l'Empire, avec sa gloutonnerie budgétaire, aurait-il fait sans cela ? Le chiffre des dépenses montait, montait toujours. On dépensait sans compter. L'entourage intime de l'empereur était arrivé pauvre ou chargé de dettes, et se pourvoyait de rentes abondantes par un cumul scandaleux. A cette coupable dilapidation vinrent s'ajouter des guerres coûteuses, fréquentes. Si ces guerres encore avaient été simplement inutiles ; mais, pour tout homme de sens, elles préparaient les éléments de notre chute.

Troublé par les bombes d'Orsini venant lui rappeler ses serments de *carbonaro*, l'empereur trembla pour sa dynastie naissante. Les sociétés secrètes lui ordonnaient d'unifier l'Italie et de laisser spolier le Pape : l'Italie fut unifiée au prix du sang français et des épargnes de la nation ; le Pape fut spolié. Napoléon tenait ses serments de *carbonaro*. Ce sont les seuls qu'il ait tenus.

Oui, la Révolution peut lui ériger des statues : grâce à lui, l'unité italienne a fait l'unité allemande. Oui, la Révolution peut se réjouir, car la catholicité pourrait bien être garrottée par le petit-fils de l'ami de Voltaire. Voltaire tressaille de joie, car la Prusse, après avoir écrasé la France, essaye d'écraser l'infâme.

C'est ainsi qu'il a été donné à la Révolution, par Napoléon III, de se trouver assez forte pour essayer de réaliser le rêve de ce philosophe athée, de ce Français indigne, qui se faisait gloire de l'amitié du roi de Prusse, le plus mortel ennemi de notre patrie.

O Dieu ! est-il possible que la France ait vu un de ses souverains compromettre, dans le seul intérêt de sa sécurité personnelle, l'œuvre patiemment menée à bonne fin par Henri IV, Richelieu, Mazarin, Louis XIV et Louis XV. Les rois et leurs ministres étaient arrivés, après de longs efforts, à établir solidement notre position en Europe, et on a vu Napoléon III créer au Sud l'unité italienne, se faire complice de la fondation, au Nord, du colossal empire d'Allemagne : en sorte que nous voilà pris comme entre deux étaux qui pourraient bien nous broyer un jour.

Pour arriver à ce magnifique résultat, ce souverain à courte vue, si niaisement roulé à Biarritz par M. de Bismark, s'était adjoint un diplomate extraordinaire éclos au barreau de Riom et formé à sa savante école. Ensemble ils avaient jeté au panier la politique séculaire de la Monarchie française, et mis au monde le fameux système des nationalités. Quelle pitié !

Cependant, l'influence prépondérante de la Prusse leur fit ouvrir les yeux. Le gouvernement sentit sa faute, demanda des hommes et de l'argent pour défaire les puissances menaçantes faites avec nos hommes et notre argent.

Napoléon III avait fait tuer des milliers d'hommes et dépensé des milliards pour sa politique : il lui fallait d'autres hommes et d'autres milliards pour en réparer les bévues. Pauvre France !

Pour tout homme au courant des affaires, depuis 1867, la guerre avec la Prusse était devenue inévitable ; le choc des deux puissances était fatal.

L'Empire n'était pas prêt à affronter la lutte ; il lui fallait donc gagner du temps, s'armer, étudier le terrain du combat, et, cela fait, engager la partie à la première occasion.

L'opinion républicaine fit tous ses efforts pour

entraver le gouvernement dans la réorganisation militaire; ainsi la Révolution, sous ses deux formes : le césarisme et la démagogie, concourait à tuer la France.

Le césarisme avait perdu la France par une politique extérieure conduite au rebours de nos intérêts; la démagogie achevait l'œuvre du césarisme en contrariant celui-ci dans ses efforts pour réparer les fautes commises.

Le parti impérialiste et le parti républicain n'ont rien à se reprocher, ou plutôt peuvent avec raison s'invectiver l'un l'autre. L'un et l'autre ont tort, car ensemble ils ont sacrifié la France. On se souvient que l'Empire fut soutenu dans la guerre d'Italie par les organes de la presse républicaine; que le même accord se manifesta en 1866, après Sadowa. Pour l'empereur, le progrès était avec la Prusse protestante, et non avec l'Autriche catholique. On vit en effet notre souverain accepter hypocritement le rôle de médiateur et consommer la ruine de l'influence autrichienne en Allemagne au profit de la Prusse, et lui arracher Venise au profit de l'Italie. Cette dernière avait été parfaitement vaincue par l'Autriche, et c'est encore nous qui procurions à l'Italie les agrandissements qu'elle était incapable d'obtenir par elle-même. Napoléon, avec toute sa diplomatie, ne voyait pas qu'il nous affaiblissait en agrandissant ainsi nos voisins.

La presse républicaine applaudissait à toutes ces inepties.

Aujourd'hui, après les désastres inouïs de la guerre entreprise sans préparation contre la Prusse, l'Empire se croit absous en faisant retomber sur l'opposition la responsabilité de nos malheurs. La République et l'Empire ressemblent à ces écoliers surpris en flagrant délit par leur maître et qui s'accusent réciproquement d'avoir cédé aux suggestions de l'autre. Nous assistons à un concert de malédictions se croisant et s'entre-croisant. Chacun cherche à couvrir sa faute. Le plus clair est qu'après s'être donnés la main pour la politique extérieure, démagogie et césarisme sont également responsables.

La France seule a le droit de se plaindre et de maudire, car elle a été victime et cruellement victime.

Si la République a continué la guerre, c'est l'Empire qui l'a déclarée : et si l'Empire l'a déclarée sans y être prêt, à qui la faute ?

L'Empire avait vu s'accroître la fortune publique dans de colossales proportions, et la France était à la hauteur de tous les sacrifices pécuniaires.

L'Empire connaissait exactement cette situation, en

avait largement abusé par des budgets écrasants, de nombreux emprunts et de fréquentes guerres.

Annuellement, le pays versait des centaines de millions au budget de la guerre : tout le monde croyait véridiques les chiffres, inscrits sur le papier, de nos effectifs militaires, de nos provisions et de notre matériel.

Nous étions tous trompés : les millions étaient annuellement détournés pour combler le déficit, dissimulé avec soin, de la fameuse expédition du Mexique, cette inexcusable aventure, dont l'exécution de Maximilien, lâchement abandonné, fut le couronnement. Le gouvernement s'était emparé du monopole des remplacements, empochait les primes, mais ne remplaçait pas. Le matériel et les provisions étaient négligés. Nous allions à la ruine.

L'Empire dissimulait soigneusement toutes ses fautes : il avait pour cela des porte-paroles ronflants qui disaient aux prophètes alarmistes, avec un sourire de pitié : Vieillards, vous radotez, il n'y a pas une seule faute commise.

Et les candidats officiels d'applaudir : ils croyaient tout sur parole ; il ne faut pas leur en vouloir ; n'y étaient-ils pas engagés par avance, afin de jouir de la pression administrative de ces messieurs à poigne ?

Il eût été aussi simple de ne pas avoir de députés ;

mais l'empereur avait promis de ne gouverner qu'avec les représentants du pays, et il n'était pas homme à manquer à ses serments : ses antécédents répondaient de sa loyauté.

Nous avions donc l'appareil représentatif au grand complet, mais nous étions réellement revenus à l'ancien régime : l'autorité absolue se trouvait exclusivement entre les mains du souverain.

Louis XIV et Napoléon Ier nous avaient démontré pleinement que le despotisme, même exercé par des génies, devient toujours fatal à une nation. Napoléon III nous prouva que s'il avait l'ambition du pouvoir personnel, il n'avait aucune des capacités qui le rendent supportable.

En juillet 1870, la guerre éclate. La France était toujours ce pays chevaleresque, généreux, patriotique. Au cri de guerre, elle répondit en se levant électrisée, prête à se battre comme elle s'est toujours battue.

Pauvre victime ! nous la vîmes étourdiment conduite à la boucherie par un don Quichotte couronné.

L'expression semble dure, triviale, grossière : elle est juste.

Comment donc nommerais-je ce personnage empêtré dans un costume de général et trébuchant à la glorieuse épée d'Austerlitz, trop grande pour sa taille?

ce souverain dont la simplicité en diplomatie n'avait d'égale que l'ignorance en stratégie?

En Italie déjà, il nous avait donné un échantillon de sa force : ses canons rayés seuls réparèrent à Solferino sa fausse manœuvre, et, surpris à Magenta, il n'avait dû son salut qu'à l'arrivée tout à fait fortuite de Mac-Mahon.

En 1870, il avait 250,000 soldats à opposer à 600,000, et au lieu de masser ses troupes, il les éparpillait sur une ligne de bataille d'une étendue considérable.

A son départ pour la guerre, il s'était fait dire par M. Rouher, sur son ton le plus courtisanesque et le plus emphatique :

« Grâce à vos soins, Sire, la France et prête. »

Cette affirmation, qui restera légendaire, ne fut pas longtemps à être démentie.

Nous apprîmes vite à quel point nous étions prêts, et combien était vaillante l'épée de Sa Majesté.

Nos petits corps d'armée, enveloppés par des forces supérieures, trop loin pour se porter secours, et trop faibles pour se défendre seuls, furent écrasés en un jour. Nos soldats et nos généraux combattirent et moururent comme les Français savent combattre et mourir, mais ils moururent en vain.

Ce qui restait fut refoulé sous les murs de Metz,

enveloppé, cerné, réduit par la famine, mais non par les armes. La responsabilité de cette opération, conduite par le maréchal Bazaine, ne retombe-t-elle pas aussi sur l'empereur ?

Mais Sedan est là. Sur qui doit retomber Sedan ? sur Napoléon III ou sur Mac-Mahon ? Mac-Mahon réclame la responsabilité du mouvement stratégique qui conduisit à cette épouvantable capitulation. Il serait facile de prouver que le Bayard des temps modernes vient ici généreusement couvrir son souverain. Cette abnégation ne nous étonne pas chez un homme qui fait l'admiration du monde par son héroïsme comme par son chevaleresque caractère et son sublime désintéressement.

Cependant, on sait bien que si Napoléon III est allé à Sedan, c'est qu'il avait peur de rentrer à Paris.

Mais soit; admettons que Napoléon III n'ait été pour rien dans ce mouvement : il n'en est pas moins vrai que Napoléon III a suivi l'armée, et il ne la suivait pas, je suppose, pour l'unique plaisir de l'encombrer avec son immense cortége de bagages, il la suivait apparemment pour faire son devoir. Mac-Mahon est tombé l'épée au poing : on ne peut pas reprocher à un brave d'avoir été malheureux. Mais lui, lui, l'héritier du général qui enlevait le pont d'Arcole ; lui qui nous avait perdus ! O honte !

Ah ! on va m'accuser de jeter de la boue sur une tombe, d'insulter un vaincu !

Mais il y a de ces figures qui appartiennent au jugement des hommes.

La France a de cruelles défaites à enregistrer dans son histoire : elle eut un jour la douleur de voir son Roi prisonnier de guerre; elle eut la douleur de lui voir arracher son drapeau ! Mais François Ier était tombé en combattant l'épée à la main, le drapeau était teint de son sang ! et nos ancêtres, en apprenant cette catastrophe, pouvaient du moins, au milieu de leurs sanglots, répéter avec leur souverain : « Tout est perdu fors l'honneur. »

Jeanne d'Arc, Bayard, Duguesclin, Turenne, avaient été vaincus, c'est vrai ! mais ils étaient tombés en braves.

Dans cette guerre néfaste qui a vu Sedan, nos héros se souvinrent de leurs exemples : Douai, Legrand, Marguerite, d'autres encore, et enfin Mac-Mahon, surent faire leur devoir sans peur et sans reproche.

Mais lui, lui qui avait sous ses yeux le spectacle horrible de la France écrasée, résultat des fautes de son gouvernement, pourquoi n'a-t-il pas senti dans sa poitrine le sentiment qui entraînait Napoléon Ier vaincu à mettre sabre en main pour trouver la mort dans la mêlée !

Je ne sache pas, en effet, que l'état-major de ce souverain, si peu digne dans sa chute, ait eu la moindre peine à l'empêcher de se sacrifier, ait eu à lui faire les mêmes violences que firent à son oncle, sur le champ de bataille de Waterloo, les officiers de son entourage.

Ah ! je sais ce que vous allez dire ; vous allez dire que le sentiment d'humanité l'emporta : il ne voulut pas faire inutilement massacrer des hommes.

Il pouvait bien mourir seul ! Après tout, en se rendant, il ne rendit que sa personne. Sa capitulation et celle de l'armée firent deux. Leur sort ne fut pas commun.

Et puis, tenez, ce sont là choses qui ne se raisonnent pas ; ce sont questions de sentiments qui ne se discutent pas.

La France les comprend, ces sentiments ! elle les comprend si bien, que si Napoléon III était mort à Sedan, personne n'aurait peut-être osé chasser sa veuve et son enfant.

Le 4 Septembre (non dans le gouvernement nouveau, qui profita des malheurs publics pour voler le pouvoir, mais dans la chute de l'Empire), ne fut pas une révolution, mais la dynastie tombant d'elle-même.

Les députés de l'Empire eux-mêmes étaient à même

de constituer un gouvernement provisoire et de déclarer la dynastie déchue.

Mais le désastre de Sedan avait jeté la France dans un tel état de stupeur, que des émeutiers sortis de je ne sais où purent s'emparer du gouvernement sans effort et chasser les représentants du pays.

L'ennemi était là : nous n'avions pas le temps de discuter la légalité du pouvoir ; on accepta tout.

Du reste : ces émeutiers proclamaient hautement qu'ils étaient là pour la défense nationale, qu'ils faisaient appel indistinctement à tous les partis, à tous les dévouements.

Nous tombions de Charybde en Scylla.

Enfin, quoi qu'il en soit, la France s'était levée pour venger son honneur.

Affolés, la rage au cœur, nous courons aux arsenaux, nous cherchons des armes : rien ! rien !

Mais où donc étaient passés nos milliards !

Infamie des infamies !

Là lutte était impossible !

C'est alors cependant que commença cette guerre atroce, inégale, désespérée, qui sera la gloire de notre patriotisme, mais la condamnation de ces hommes qui, sous le prétexte de défense nationale, sacrifièrent la France à la République.

Non, ce n'était pas le patriotisme qui empêchait les

hommes du 4 Septembre de reconnaître l'impossibilité de continuer la guerre : c'était leur ambition effrénée.

— Vous insultez des Français, vont me crier quelques hommes pleins d'illusions !... Prouvez !

Que je prouve ? Mais je n'ai qu'à constater ! Est-il vrai, oui ou non, que République se substitua insensiblement à Défense nationale ? Est-il vrai qu'ils brisèrent arbitrairement tous les conseils élus pour les remplacer par des hommes, non de tous les partis, mais exclusivement de leur parti à eux ? Ils poussèrent même l'arbitraire jusques à violer la magistrature !

Oh ! je le sais, ils parlaient très bien le langage du patriotisme ; ils faisaient des pactes avec la victoire ou avec la mort ! Ils juraient de ne jamais capituler !

Ce qu'ils voulaient réellement, nous le savons aujourd'hui. Ils voulaient la République, ils voulaient des portefeuilles, ils voulaient des places, et surtout ils ne voulaient pas se battre.

Ils criaient à tue-tête : Guerre à outrance ! Ils criaient bien, ils criaient même très fort, mais aucun ne partait.

Eux et leurs amis s'emparèrent avec empressement des postes bien rétribués, se couvrirent de galons, chaussèrent de grandes bottes, mirent des panaches à leurs chapeaux, suspendirent à leur côté de grands sabres ; mais jamais aucun n'exposa sa précieuse personne.

Ils se réservaient pour la fourniture à outrance. On a vu ces bons apôtres faire des fortunes scandaleuses. Ils se sont engraissés de nos malheurs.

Honte à ces histrions, qui ont bâti leur fortune sur les débris de la patrie, sous prétexte de défense nationale.

Un général, Trochu, voulut essayer, du moins je le crois, de faire ce qui était possible.

Il est devenu le bouc émissaire de tous.

Pour moi, le général Trochu est simplement victime d'événements plus grands que lui.

A-t-il commis des fautes ? — Il a commis celle de n'avoir pas été victorieux...

Je n'ai pas les connaissances nécessaires pour juger ses opérations ; toujours est-il qu'il a bravement payé de sa personne sous les murs de Paris. C'est enfin le seul du gouvernement qui se soit occupé véritablement et avant tout de défense nationale.

L'Empire lui reproche d'avoir abandonné l'impératrice, après avoir fait le serment de la défendre. S'il est vrai qu'il lui ait été possible de défendre une femme malheureuse, il a manqué à son devoir.

Mais cela n'était pas possible ; la meilleure preuve

en est dans la conduite des impérialistes eux-mêmes ; autrement, on pourrait bien leur dire : « Où étiez-vous, serviteurs de l'Empire ? ministres, sénateurs, amis dévoués, où étiez-vous donc ? Vous tous, comblés d'honneurs, de bienfaits et de grasses pensions, pourquoi n'étiez-vous pas sur les marches du trône ? Vous n'avez rien à reprocher au général Trochu : vous êtes mille fois plus coupables que lui ! »

Mais une chose indiscutable, c'est que l'Empire a engagé la guerre sans être prêt à la faire. A cette criminelle légèreté, ce gouvernement a joint une effronterie, une impudence qui donnent le vertige.

Voici les documents officiels :

Un an avant la guerre, le *Journal officiel* du 17 août 1869 s'exprimait ainsi :

« L'histoire dira avec quelle activité, quelle persévé-
» rance, quelle force de volonté, quelle merveilleuse
» fécondité de ressources le maréchal Niel, entrant
» profondément dans la pensée de l'empereur, est
» parvenu à résoudre ce problème, jusqu'alors réputé
» insoluble, de doubler les forces militaires de la
» France, non-seulement sans augmenter ses charges
» en temps de paix, mais en les allégeant pour les fa-
» milles et en diminuant les dépenses du Trésor.

« Rappelons ici CE QUI A ÉTÉ FAIT ; le tableau
» est assez grand pour se passer de commentaires :

» UNE ARMÉE DE LIGNE DE 750,000 HOMMES DISPONIBLE

» POUR LA GUERRE ; près de 600,000 hommes de garde » nationale mobile; l'instruction dans toutes les bran- » ches poussée à un degré inconnu jusqu'ici ; nos rè- » glements militaires remaniés et mis en rapport avec » les exigences nouvelles ; les conditions de l'existence » du soldat et de l'officier largement améliorées; l'ave- » nir des sous-officiers qui ne veulent pas poursuivre » leur carrière militaire assurée par leur admission » aux emplois civils ; 1,200,000 fusils fabriqués en » moins de dix-huit mois ; les places mises en état et » armées; les arsenaux remplis, un matériel immense » prêt à suffire à toutes les éventualités quelles qu'elles » soient ; et, en face d'une telle situation, la France » confiante dans sa force. »

Le mensonge est assez patent ; il n'y a aucune réflexion à ajouter, tout commentaire est inutile.

Plus tard, le maréchal Lebœuf annonce un stock de quatre millions de chassepots. Il y en avait un million cent mille : voilà la vérité.

Le même maréchal interrogé sur son mot : « Nous » sommes prêts, » ajoute : « J'entends dire par là que, » pendant deux ans de campagne, nous n'aurons pas à » acheter un seul bouton de guêtre. »

En écrivant ces lignes, l'indignation m'étouffe.

Nous étions tellement prêts que nous manquions de tout ; voici les preuves :

Général Ducrot à guerre.

« 20 juillet 1870.

» Demain il y aura à peine 50 hommes pour gar-
» der la place de Neuf-Brisach ; Mortier, Schlestadt et
» Lichtenberg sont également dégarnis. Les Prussiens
» sont déjà maîtres de tous les défilés de la Forêt
» Noire. »

Général commandant 4e corps au major général, Paris.

« Le 4e corps n'a encore ni cantines, ni ambulances,
» ni voitures d'équipage...; tout est complétement dé-
» garni. »

Intendant 3e corps à guerre.

« 24 juillet 1870.

» Le 3e corps quitte Metz demain. Je n'ai ni infir-
» miers, ni ouvriers d'administration, ni caissons d'am-
» bulance, ni fours de campagne, ni trains, ni instru-
» ments de pesage, et, à la 4e division de cavalerie, je
» n'ai même pas un fonctionnaire. Je prie Votre Excel-
» lence de me tirer d'embarras. »

Général artillerie à guerre.

« Le colonel du 1er du train m'informe d'un fait
» grave : sur 800 colliers restant à la direction de l'ar-

» mée, 500 se trouvent trop étroits. Que faire ? Il y a
» en magasin à Douai 1,700 colliers, dont un tiers se
» trouve dans le même cas. »

Intendant 6e corps à guerre.

« 8 août 1870.

» Je reçois de l'intendant en chef de l'armée du
» Rhin la demande de 400,000 rations de biscuits et
» vivres de campagne. Je n'en ai pas une ration. »

Maréchal Canrobert à guerre.

« 10 août 1870.

» Je continue à n'avoir ni marmites, ni gamelles.
» Blessés et malades sont dépourvus de tout. Nous
» n'avons ni sacs de couchage, ni assez de chemises,
» ni assez de chaussures. »

Et enfin, voici le bouquet :

Général Michel à guerre.

« Suis arrivé à Belfort : pas trouvé ma brigade ; pas
» trouvé ma division. Que dois-je faire ? Je ne sais pas
» où sont mes régiments. »

Voilà où en était l'armée moins d'un mois après que M. Rouher avait dit :

« Grâce à vos soins, Sire, la France est prête. »

Cette phrase de courtisan passera à la postérité pour y faire le pendant à la phrase de Jules Favre : « Nous ne céderons pas un pouce de terrain, pas une pierre de nos forteresses. »

Voilà deux avocats, tous deux phraséologues distingués, débitant avec maëstria des harangues ampoulées, creuses et sonores, ayant souvent jouté à la grande satisfaction d'une galerie frémissante d'intérêt à l'audition de ces éloquences si parfaitement inutiles. Ces deux avocats personnifient : l'un, l'Empire, l'autre, la République, et aujourd'hui on ose nous dire : le flot de la démocratie monte irrésistible, la France n'a plus qu'à choisir entre la mort par le jacobinisme et la mort par le césarisme !

République ou Empire, tel est le cri des révolutionnaires, dont quatre-vingts ans de souveraineté populaire et de désastres inouïs n'ont pas fait tomber les illusions.

O peuple de France ! peuple si souvent exploité par des aventuriers de tout rang et de toute origine, ne comprendras-tu pas enfin que les Bonapartes et les jacobins te perdent ! En encensant ta souveraineté, ils t'enivrent pour t'empêcher de voir où ils te conduisent. Ils te poussent à l'envi vers le précipice en te lançant des fleurs pour te voiler l'issue fatale. Aujourd'hui tu es tombée, France ! et le jour où tu t'es relevée pour faire entendre ta voix, tu as dit librement aux hommes honorés de ta confiance : « Allez, délivrez-moi de mes ennemis, de ceux du dehors et de » ceux du dedans ! »

L'Assemblée a douloureusement traité de ta rançon : elle a au-dedans combattu l'anarchie impudente, le désordre sans masque ; il lui faut aujourd'hui terminer sa mission en proscrivant la Révolution sous toutes ses formes, pour te faire rentrer dans l'ordre et dans le droit !

Or, en France, l'ordre et le droit ne sont que dans la Monarchie nationale, mise en harmonie avec les progrès de la société moderne, par l'application sincère du système représentatif.

CHAPITRE VII

DE LA MONARCHIE NATIONALE

Nous avons vu qu'au point de vue philosophique, l'autorité confiée à ces trois principes politiques, qui sont : 1° le Roi ; 2° les représentants de l'intelligence et des grands intérêts ; 3° le peuple, met une nation tout à la fois à l'abri du despotisme d'un seul, à l'abri d'un gouvernement aristocratique et à l'abri des caprices du nombre.

Ce gouvernement, appelé monarchie représentative, fait résider *la souveraineté nationale dans l'ensemble de ses institutions.*

En principe, la République comme l'Empire peuvent, à la rigueur, constituer des gouvernements tolérables. Mais nous avons vu qu'en France la République faisait résider la souveraineté dans le nombre purement et simplement, sans même admettre comme limite à son exercice les lois morales divines de la société : ce gouvernement mène donc à l'anarchie. Nous avons vu aussi que l'Empire est la résurrection politique de l'ancien régime dans le pouvoir absolu de l'empereur : cet absolutisme se dissimule derrière des semblants d'institutions représentatives. Nous avons vu pourquoi l'Empire était impuissant à faire loyalement respecter son pouvoir, à faire fonctionner en toute sincérité l'appareil représentatif.

Tous les défauts, toutes les imperfections de ces deux régimes viennent de ce qu'ils s'appuient, pour exister, sur le principe anti-social de la souveraineté absolue du Nombre. Ils reconnaissent au peuple le droit de changer d'institutions suivant son caprice ; ils sont donc l'un et l'autre la consécration de l'instabilité légale : l'un, par excès de liberté, l'autre, par excès de despotisme, nous ont conduits, ensemble cinq fois, en moins d'un siècle, à deux doigts de notre ruine.

Ces systèmes sont donc condamnés.

J'ai terminé le chapitre précédent par cette affirmation : qu'en France l'ordre et le droit ne résidaient que dans la Monarchie nationale.

En voici la démonstration :

J'ai démontré que le principe de la souveraineté absolue du nombre était impraticable.

Où donc réside la souveraineté ?

La souveraineté, chez un peuple, réside dans l'ensemble *des institutions nationales.*

Evidemment, à l'origine d'un peuple, ce n'est pas Dieu qui établit directement ces institutions. Il serait absurde d'entendre dans ce sens la qualification de *Droit divin* attribuée à l'autorité légitime.

En vertu du Droit divin, *qu'elles possèdent par le fait seul de leur existence*, les sociétés, ou les peuples, si on préfère, organisent eux-mêmes, à leur origine, des pouvoirs publics qui obligent tout le monde indistinctement.

Eh bien, ces pouvoirs publics, *non dans leur forme*, mais dans leurs principes essentiels, forment le Droit national : ce droit est transmis de générations en générations, ce droit est sacré, inviolable.

C'est ainsi qu'à sa naissance le peuple franc institue la Monarchie héréditaire de mâle en mâle suivant la loi salique.

A partir de ce moment, la nation eut son Droit national : le peuple était lié à la monarchie par un pacte solennel, *et la souveraineté nationale résidait dans le Roi et le peuple réunis* : ces deux principes ont constitué la nation française. Le pacte conclu entre le Roi et le peuple est un véritable contrat synallagmatique engageant également les deux contractants. Le Roi et le peuple sont deux puissances : le peuple ne commande pas au Roi, le Roi ne commande pas au peuple, mais le peuple et le Roi font ensemble la loi, et la loi commande à tous indistinctement.

Dès lors, les lois sont faites concurremment par le Roi et par le peuple : Lex fit consensu populi et cons-constitutione regis.

Si on admettait que le peuple est souverain absolu, on admettrait que le peuple a le droit de rompre à sa volonté le contrat : on tomberait alors dans le principe révolutionnaire ou provisoire perpétuel.

— Mais, direz-vous, le peuple a fait la Monarchie, il a donc le droit de la défaire.

C'est la doctrine de la Révolution ; elle est fausse, et c'est dans la réponse à cette erreur que se trouve la définition pratique de la doctrine royaliste, ou, si on préfère, de l'autorité légitime. Le peuple franc, en constituant la Monarchie, *a usé du droit d'autorité donné par Dieu à la société* pour sa sauvegarde et sa conservation : donc, tant que le Roi est fidèle à son principe et répond à son origine, qui est précisément la sauvegarde et la conservation du peuple, le Roi est inviolable, sacré, et le peuple ne peut le renverser légitimement, parce qu'il est l'autorité légitime.

Le peuple aurait ce droit dans le cas seulement où le Roi mentirait à son origine et, de son autorité personnelle, trahirait la société ou les intérêts nationaux. Or, en France, jamais le Roi n'a trahi le peuple.

La Révolution a brutalement violé le droit national en renversant et en assassinant Louis XVI, la reine Marie-Antoinette, Madame Elisabeth, sœur du Roi, et en faisant mourir le Dauphin Louis XVII sous les coups de Simon.

Tant que la France refusera de rentrer dans le Droit national, elle sera en proie à la Révolution et aux caprices de la multitude ou d'un despote.

Le Roi, l'héritier de la couronne, Henri V est là, prêt à refaire, D'ACCORD AVEC LES REPRÉSENTANTS DU PEUPLE, les institutions nécessaires pour le fonctionnement de la souveraineté nationale sur les bases de l'hérédité monarchique et du système représentatif.

Il respecte trop le peuple pour lui imposer une Constitution de son autorité personnelle; mais il a aussi trop conscience de la dignité du principe qu'il représente pour se laisser imposer, de son côté, une Constitution à la confection de laquelle il n'aurait pas concouru.

Il reste fidèle à ce principe que, dans une nation monarchique, *ni le Roi ni le peuple seuls* ne sont souverains, mais que la souveraineté nationale ne réside que dans *le Roi et le peuple réunis ensemble*.

Il entend respecter notre liberté comme il entend que nous respections sa dignité.

Il n'a pas, comme les Bonapartes, la prétention de nous faire dire « Oui » le couteau sur la gorge; il attend que nous lui disions loyalement : « Venez. »

Accomplirons-nous cet acte de raison et de justice? Préférerons-nous rester à la merci de la souveraineté populaire? à la merci de l'aveugle suffrage universel dirigeant *seul* nos destinées? à la merci du premier aventurier qui s'emparera du pouvoir dans un moment de trouble, nous offrant en garantie sa confiance en lui-même, pour nous traîner ensuite sans défense aux pieds de l'étranger, après avoir tripoté dans l'ombre et le mystère nos milliards et la politique nationale?

Quelles raisons avons-nous donc de repousser ainsi la Monarchie?

Ce gouvernement, né avec la France elle-même, a

conduit la patrie durant quatorze siècles en la fortifiant sans cesse. Nul ne peut nier ce fait historique de la Monarchie prenant la France à l'état d'embryon et réussissant, après des luttes héroïques contre les ennemis du dehors et ceux du dedans, à en faire cette nation vaste, unie, puissante qui était, avant la Révolution, l'arbitre du monde et la reine des sociétés chrétiennes.

Les Rois de France ont protégé et défendu l'existence nationale d'abord contre les hordes du Nord et du Midi, puis contre l'invasion musulmane, puis contre l'invasion anglaise, puis contre l'inimitié des Maisons d'Espagne et d'Autriche, puis contre le disloquement dont nous menaçaient les discordes religieuses. Nous avons vu enfin la nation française développer et asseoir sa splendeur intérieure dans la littérature et les arts sous Louis XIV, en même temps que ce grand monarque asseyait définitivement en Europe notre influence.

A la faveur de nos luttes et du fracas d'armes du moyen âge, il s'était formé en France de petits Etats dans l'Etat; ces petits Etats avaient à leur tête des maîtres puissants, appelés seigneurs féodaux, avec lesquels la Royauté avait été longtemps obligée de compter de puissance à puissance.

Eh bien, la Monarchie, de Louis XI à Louis XIV,

réussit à débarrasser la France de ces souverainetés partielles qui faisaient obstacle à l'unité nationale.

Louis XIV reçut en héritage le dépôt de l'unité française des mains d'Henri IV, Louis XIII, Riche lieu et Mazarin. Après bien des luttes et malgré les revers de la fin de son règne, ce monarque, justement appelé Louis le Grand, avait réussi à assurer à la patrie des frontières sûres avec Vauban, une organisation militaire avec Louvois, une bonne administration intérieure avec Colbert, une législation respectable avec Séguier.

Jusques à cette époque, la Monarchie quasi absolue avait eu sa raison d'être au milieu de circonstances où l'action n'avait pas laissé de place à la discussion.

La Régence et Louis XV vinrent donner, par leurs excès, le coup de grâce à l'absolutisme royal. Les progrès de la société avaient rendu nécessaires les réformes. C'est à Louis XVI qu'échut la tâche délicate et périlleuse de diriger ce mouvement national.

La France en était à cette période critique de la vie des peuples, où une nation, unifiée au dedans et tenant au dehors ses ennemis en respect, s'occupe d'élargir à l'intérieur les institutions qui lui garantissent sa liberté et un contrôle sérieux sur les actes du pouvoir royal.

Pour traverser cette période de transformation, il

faut deux vertus indispensables : 1° le respect de l'autorité et des principes fondamentaux du Droit national ; 2° le sentiment religieux sur lequel repose la famille et les vertus domestiques, bases naturelles de l'Etat.

Malheureusement une philosophie athée, sceptique, immorale, avait, au XVIIIe siècle détruit ces deux sentiments.

Le Roi, de son côté, n'eut pas l'énergie et la décision indispensables en pareilles circonstances. D'un autre côté encore, son entourage intime le seconda très mal et l'abandonna au moment du danger. Ainsi, le Roi ayant convoqué les Etats généraux pour travailler avec le pays à la nouvelle Constitution, les passions violentes l'emportèrent sur la raison.

Cependant on aurait pu encore arrêter la Révolution ; sous la pression de l'opinion publique, la noblesse et le clergé se réunirent au Tiers-Etat, représentant le peuple, et constituèrent l'Assemblée nationale.

Le 4 août, l'Assemblée décréta l'abolition de tous les priviléges et proclama l'égalité de tous devant la loi.

Mais ce qui perdit la France fut l'organisation de cette stupide institution appelée Garde nationale. Le jour où le peuple de Paris fut armé, la Révolution fut consommée : Paris gouverna la France, et Paris était corrompu jusque dans la moelle des os.

Aujourd'hui, après des désastres inouïs, après avoir changé six fois de gouvernement en moins de cent ans, la France, maîtresse d'elle-même, aspire à la stabilité, est à la recherche d'un gouvernement.

Nous venons d'indiquer que son gouvernement naturel est la Monarchie.

Ce gouvernement fait le bonheur des nations qui nous environnent, mais rencontre chez nous des ennemis implacables. On entretient vis à-vis de lui, dans l'opinion publique, des préjugés absurdes; on entend une foule d'égarés répéter, à la suite des chefs révolutionnaires, sans savoir ce qu'ils disent, que le retour de la Monarchie est le retour de l'ancien régime.

Cette appellation vague comprend dans une confusion préméditée le principe monarchique et les abus du moyen âge et de l'absolutisme. Cette expression renferme tout un arsenal de vieilleries démodées, disparues depuis un siècle, depuis le mouvement réformiste sous Louis XVI.

Abus de pouvoir, lettres de cachet, bon plaisir, dîme, corvées humiliantes et vexatoires, exactions ou violences illégales, impunité des grands, tortures : voilà les mots avec lesquels des ennemis sans loyauté épouvantent les populations simples et crédules d'une partie de nos campagnes.

Tout cela, mensonge! Tous ces abus, grossis par ceux qui les commentent, ont disparu avec le temps et, comme lui, ne peuvent plus revenir.

On entend aussi quelques ignorants parler d'inquisition ou de féodalité. S'ils connaissaient l'histoire, ils sauraient précisément que c'est la Monarchie qui nous a délivrés de cette dernière.

Quant à l'Inquisition, je me garde bien de m'en faire le défenseur : toutefois, cette institution regrettable est un épouvantail qui n'a pas sa raison d'être, car elle est d'abord beaucoup trop loin de nous, et si opposée à notre civilisation que la crainte de la voir reparaître est tout au moins fort puérile, et même absolument ridicule.

Du reste, nos révolutionnaires ne parlent de l'Inquisition que pour les besoins de leur cause : la plupart ne savent pas ce que c'est. Ceux qui le savent en travestissent les actes, quelquefois même inventent lâchement, et ne tiennent jamais compte de l'état des esprits et des mœurs à l'époque où elle existait.

Mais à quoi bon insister : il n'y a pas de pires sourds que ceux qui ne veulent pas entendre.

Du reste, pour tout homme sérieux, ces déclamations sont autant d'inepties auxquelles on répond simplement par un haussement d'épaule.

Si cependant il existait à ce sujet quelque doute chez des hommes de bonne foi, il suffit de lire les nombreuses lettres où le comte de Chambord traite les questions politiques et sociales.

Tous les préjugés, toutes les apréhensions tombent à cette lecture devant la royale franchise que respirent ces lettres et devant les promesses sacrées qu'elles renferment.

Personne, je suppose, n'ose douter de la parole de l'héritier de nos rois; il a donné trop de preuves de sa sublime loyauté et de son chevaleresque désintéressement.

Sa parole vaut mieux, je pense, que les serments des Bonapartes ou les promesses du 4 Septembre.

Je ne saurais mieux faire que d'insérer ici un document intitulé : *Le programme de la Monarchie tracé par M. le Comte de Chambord.*

Monsieur le Comte de Chambord a fait connaître très nettement, à plusieurs reprises, quelles institutions la Monarchie traditionnelle donnerait au pays. Beaucoup de personnes l'ignorent et semblent attendre de la part du chef de la MAISON DE FRANCE des déclarations qui ne sont plus à faire. Il est bon de mettre sous les yeux de tous ce programme, qui ne date point d'hier, n'a point été tracé pour les besoins du moment, et contient les véritables conditions d'un gouvernement libre.

Le 23 janvier 1851, à la lecture du mémorable discours prononcé par Berryer à la tribune de l'Assemblée législative, Monsieur le Comte de Chambord écrivait à l'illustre orateur :

« Dépositaire du principe fondamental de la Monar-
» chie, je sais que cette Monarchie ne répondrait pas
» à tous les besoins de la France si elle n'était en har-
» monie avec son état social, ses mœurs, ses intérêts,
» et si la France n'en reconnaissait et n'en acceptait
» avec confiance la nécessité. Je respecte sa civilisa-
» tion et sa gloire contemporaine autant que les tra-
» ditions et les souvenirs de son histoire. Les maxi-
» mes qu'elle a fortement à cœur et que vous avez
» rappelées à la tribune : l'égalité devant la loi, la li-
» berté de conscience, le libre accès pour tous les mé-
» rites à tous les emplois, à tous les honneurs, à tous
» les avantages sociaux, tous ces grands principes
» d'une société éclairée et chrétienne me sont chers et
» sacrés comme à vous, comme à tous les Français.
» Donner à ces principes toutes les garanties qui leur
» sont nécessaires par des institutions conformes aux
» vœux de la nation, et fonder, d'accord avec elle, un
» gouvernement régulier et stable, en le plaçant sur
» la base de l'hérédité monarchique et sous la garde

» des libertés publiques, à la fois fortement réglées et » loyalement respectées, tel serait l'unique but de » mon ambition. »

Quelques années plus tard, le second Empire avait succédé à la République de 1848. Le temps n'était guère aux idées libérales, et M. Thiers n'avait point encore tracé le programme des *libertés nécessaires*. Voici comment s'exprimait Monsieur le Comte de Chambord dans un document en date du 12 mars 1856 :

« Je n'ai rien à ajouter aux nombreuses manifesta- » tions que j'ai faites de mes dispositions. Elles sont » toujours les mêmes et ne changeront jamais. Exclu- » sion de tout arbitraire ; le règne et le respect des » lois ; l'honnêteté et le droit partout ; le pays sincè- » rement représenté, votant l'impôt et concourant à la » confection des lois ; les dépenses sévèrement contrô- » lées ; la propriété, la liberté individuelle et religieuse, » inviolables et sacrées ; l'administration commu- » nale et départementale sagement et progressivement » décentralisées ; le libre accès pour tous aux hon- » neurs et avantages sociaux : telles sont, à mes yeux, » les véritables garanties d'un bon gouvernement, et » tout mon désir est de pouvoir un jour me dévouer » tout entier à l'établir en France, et à assurer ainsi » le repos et le bonheur à ma patrie. »

Au sujet des terreurs chimériques éprouvées par certains esprits faibles, quand on agite devant eux le fantôme de la domination cléricale, le Comte de Chambord s'exprime ainsi dans deux documents de 1857 et 1859.

« Les évêques et tous les membres du clergé ne sau-
» raient éviter avec trop de soin de mêler la politique
» à l'exercice de leur ministère sacré, et de s'immiscer
» dans les affaires qui sont du ressort de l'autorité
» temporelle (29 mai 1857) »;

« Pleine liberté de l'Eglise dans les choses spiri-
» tuelles; indépendance souveraine de l'Etat dans les
» choses temporelles; parfait accord de l'une et de
» l'autre dans les questions mixtes : tels sont les prin-
» cipes qui doivent aujourd'hui régler les rapports
» des deux puissances (26 mars 1859). »

En 1866, dans une lettre adressée au général de Saint-Priest, lettre qui causa une vive sensation et eut les honneurs de la saisie, Monsieur le Comte de Chambord, rappelant que les idées de sa jeunesse, confirmées par le travail et l'expérience, demeuraient celles de son âge mûr, écrivait :

« Vous savez depuis longtemps les vœux que ma
» raison et mon cœur me dictent pour ma patrie. Est-
» il besoin de vous le redire ici? *Un pouvoir fondé*
» *sur l'hérédité monarchique, respecté dans son ac-*
» *tion, sans faiblesse comme sans arbitraire, le gou-*
» *vernement représentatif* dans sa puissante vitalité,

» les dépenses publiques sérieusement contrôlées, le
» règne des lois, *le libre accès de chacun aux em-*
» *plois et aux honneurs, la liberté religieuse et les li*
» *bertés civiles consacrées et hors d'atteinte*, l'admi-
» nistration intérieure dégagée des entraves d'une
» centralisation excessive, la propriété foncière rendue
» à la vie et à l'indépendance par la diminution des
» charges qui pèsent sur elle, l'agriculture, le com-
» merce, l'industrie constamment encouragés... »

Le 15 novembre 1869, il dit encore :

« La France réclame à bon droit les garanties du
» gouvernement représentatif, honnêtement, loyale-
» ment pratiqué, avec toutes les libertés et le contrôle
» nécessaires. Elle désire une sage décentralisation ad-
» ministrative et une protection efficace contre les abus
» d'autorité. Un gouvernement qui fait de l'honnêteté
» et de la probité politique la règle invariable de sa
» conduite, loin de redouter cette garantie et cette pro-
» tection, doit, au contraire, les rechercher sans cesse. »

L'Empire s'écroule ; la République du 4 Septembre le remplace. Dans son manifeste du 9 octobre 1870, Monsieur le Comte de Chambord écrit :

« Pénétré des besoins de mon temps, toute mon
» ambition est de fonder avec vous un gouvernement
» vraiment national, ayant le droit pour base, l'hon-
» nêteté pour moyen, la grandeur morale pour but. »

Le 8 mai 1871, Monsieur le Comte de Chambord fait de nouveau entendre sa voix, et, dans sa lettre à un député, nous trouvons le passage suivant :

« Ce que je demande, vous le savez, c'est de travail- » ler à la régénération du pays, c'est de donner l'es- » sor à toutes ses aspirations légitimes ; c'est, à la tê- » te de toute la Maison de France, de présider à ses » destinées, en soumettant avec confiance les actes du » gouvernement au sérieux contrôle de représentants » librement élus. On dit que *la Monarchie tradition-* » *nelle est incompatible avec l'égalité de tous devant* » *la loi.* — *Répétez bien que je n'ignore pas à ce* » *point les leçons de l'histoire et les conditions de la* » *vie des peuples.* Comment tolérerais-je des priviléges » pour d'autres, moi qui ne demande que celui de » consacrer tous les instants de ma vie à la sécurité » et au bonheur de la France, et d'être toujours à la » peine, avant d'être avec elle à l'honneur ?... *Je ne* » *suis point un parti, et je ne veux pas revenir pour* » *régner par un parti. Je n'ai ni injures à venger, ni* » *ennemis à écarter, ni fortune à refaire, sauf celle* » *de la France, et je puis choisir partout les ouvriers* » *qui voudront loyalement s'associer à ce grand ou-* » *vrage.* »

Enfin, dans le *Manifeste de Chambord* du 5 juillet, le

Prince, confirmant ses déclarations antérieures, s'exprime en ces termes :

« Je ne puis oublier que le droit monarchique est » le patrimoine de la nation, ni décliner les devoirs » qu'il m'impose envers elle. Ces devoirs, je les remplirai, croyez-en ma parole d'honnête homme et de » Roi. Dieu aidant, nous fonderons ensemble, et quand » vous le voudrez, sur les larges assises de la décen» tralisation administrative et des franchises locales, » un gouvernement conforme aux besoins réels du » pays. Nous donnerons pour garantie à ces libertés » publiques, auxquelles tout peuple chrétien a droit, *le* » *suffrage universel* honnêtement pratiqué et le con» trôle des deux Chambres, et nous reprendrons, en » lui restituant son caractère véritable, *le mouvement* » *national de la fin du dernier siècle.* »

Voilà le programme de la Monarchie! Il est aussi franc, aussi large qu'invariable, et nous pouvons en croire la parole du Prince, qui n'a cessé d'affirmer que la Monarchie seule pouvait donner la vraie liberté, et qui déclarait récemment qu'il n'avait pas une parole à rétracter.

Ces diverses citations établissent amplement la fausseté de cette épouvantable qualification d'ancien régime appliquée à la Monarchie nationale : toutes ces idées rétrogrades, ridicules, surannées, tirées de l'arsenal de l'ancien régime sont ainsi purement gratuites et appartiennent exclusivement au domaine de la calomnie basse, honteuse, impudente et lâche.

Lorsque, poussés à bout, les révolutionnaires ne savent plus que répondre, ils disent que la Monarchie est incompatible avec la liberté.

C'est là un mensonge manifeste, c'est exactement le contraire de la vérité.

Les faits de l'histoire sont là pour démontrer ce que devient la liberté sous les gouvernements révolutionnaires.

Ces Messieurs confondent évidemment la liberté avec le libre épanouissement du caprice brutal de la faction la plus nombreuse ou même toujours la plus audacieuse. Je crois avoir une idée saine et juste de cette noble faculté de l'homme en la définissant : la faculté de bien agir, ou, dans un sens plus large : la faculté de faire ce qui ne nuit pas à autrui. Ce serait méconnaître le sens réel de cette définition, que d'interpréter le mot « autrui » dans un sens restrictif, c'est-à-dire dans le sens du mot « individu ». Je crois rester dans le vrai en comprenant dans ce mot, non-seulement l'individu, mais encore les personnes morales telles que la famille, la religion, la société et la souveraineté nationale dans ce qu'elles ont d'essentiel.

Or, les lois fondamentales de la famille et de la

société existent d'elles-mêmes. Ces lois ne peuvent être mises en discussion, elles sont au-dessus de toute volonté humaine, et, pour ainsi dire, la clef de voûte de l'Etat. Ces lois, conditions essentielles de l'ordre et de la paix, sont : le respect de l'autorité, de la propriété, du sentiment religieux, de l'indépendance de la famille, de la dignité individuelle et de la liberté de discussion de tout ce qui n'est pas d'ordre public et social.

Permettre de discuter les principes mêmes de l'ordre social, c'est tuer la liberté en détruisant l'ordre social lui-même : en effet, lorsqu'il est renversé, c'est le règne du despotisme ou de l'anarchie.

Quant aux lois courantes, quant à la confection et à l'application de ces lois, tout cela varie suivant les besoins de l'époque, et la nation possède, par le ministère des pouvoirs publics, les moyens légaux d'opérer dans la Constitution ou les lois les changements jugés nécessaires ou utiles.

Ainsi donc, théoriquement et pratiquement, la Monarchie représentative est le gouvernement qui consacre le mieux ces trois éléments de vie politique : autorité, liberté, stabilité.

En France, d'après le Droit national, ce gouvernement représente seul l'Autorité légitime.

Tous les gouvernements issus de la Révolution

ont été impuissants à établir le règne de l'Autorité et de la Liberté, parce qu'ils reposent sur un principe qui est tout à la fois la négation brutale de l'Autorité légitime, de la vraie liberté et de la stabilité.

La Révolution avait même réussi à jeter la division dans la famille royale : celle-ci eut en effet à souffrir des défaillances regrettables. Les partis issus de cette funeste division étaient impuissants à rétablir la Monarchie.

La réconciliation du 5 août 1873 est venu faire cesser cet état de choses si préjudiciable aux intérêts vitaux de notre patrie.

Gloire au prince magnanime qui a eu l'initiative d'une si noble résolution !

Aujourd'hui on ne peut plus reprocher à la Monarchie elle-même d'être divisée.

Mais, hélas ! il est trop vrai que les royalistes ne sont pas complétement d'accord.

A la suite de l'entrevue de Frohsdorff, un grand mouvement se produisit au sein de l'Assemblée nationale. La majorité constitua une commission avec le mandat de se mettre en rapport avec le comte de Chambord pour régler les conditions du rétablissement de la Monarchie.

Le Roi, fidèle au principe que la souveraineté nationale ne *réside* que *dans le Roi et le peuple réunis*, répondit que si son droit était reconnu, il se rendrait aussitôt au vœu du pays. Il était entendu que *toutes les questions, même celle du drapeau*, seraient résolues d'accord entre les deux pouvoirs publics alors existant, chacun d'eux *gardant intacte son initiative.*

Rien de plus loyal, rien de plus libéral.

Ces conditions furent acceptées en principe avec enthousiasme.

Cet enthousiasme fut malheureusement irréfléchi. Des organes de la presse et quelques Français humilièrent, sans le vouloir, je veux bien le croire, la dignité royale, en proclamant que, sur la question du drapeau, la seule solution, la *solution obligatoire*, était le drapeau tricolore. La convention était violée : car la solution de cette question avait été expressément réservée comme toutes les autres.

Du moment où on affichait la prétention d'imposer tel drapeau avant de connaître l'opinion du Roi, on humiliait le Roi dans sa personne, et le principe monarchique lui-même était atteint.

Le Roi, dans sa loyauté absolue, ne put laisser subsister ce regrettable malentendu. Sa lettre à ce sujet fut elle-même mal comprise; et, malentendu sur malentendu, au milieu du désarroi général, l'Assemblée, afin de donner quelque stabilité au pouvoir intérimaire existant, prorogea pour sept ans les pouvoirs du maréchal de Mac-Mahon.

Cette prorogation a été votée sous la réserve que l'Assemblée restait maîtresse de statuer sur le gouvernement définitif.

La question de gouvernement est donc du domaine de la discussion.

A quelle solution s'arrêteront les députés? Telle est la question.

Confirmeront-ils le provisoire ou proclameront-ils soit la République, soit la Monarchie? Cet état d'indécision ne peut durer; tout en souffre, l'industrie, le commerce et la société.

Au milieu de cette incertitude, on voit un parti fatal, le parti bonapartiste, relever fièrement la tête. Le parti démagogique gagne aussi chaque jour du terrain. La force des choses met l'Assemblée en demeure d'opter définitivement.

S'arrêter à constituer le provisoire sous quelle forme que cela soit, c'est ou la démagogie ou le césarisme.

Oh! répètent ceux qui n'ont aucune conviction, nous en avons pour sept ans! Qu'en savez-vous? Le maréchal n'a pas sept années assurées, et les aurait-il, sept ans de provisoire conduiront à l'avénement légal du radicalisme ou du régime de 1852.

Or, il faut à tout prix empêcher la ruine de la France: Messieurs les députés, vous n'avez été nommés que pour cela!

Souvenez-vous qu'au 8 février 1871, la patrie ensanglantée s'est tournée vers les royalistes en les suppliant de la sauver, de la délivrer des Prussiens et de la Révolution.

Vous nous avez délivrés des Prussiens;

Délivrez-nous de la Révolution.

Oui, souvenez-vous!... Lorsque la France mutilée et mourante, piétinée par l'ennemi, épuisée par les vampires de la démagogie succédant au vautour impérial, put enfin faire entendre sa voix; lorsqu'elle put dire librement par qui elle voulait être gouvernée, en quels hommes mit-elle sa confiance? Qui chargea-t-elle de la sauver?— Les légitimistes et les orléanistes, et, en tête de ces deux groupes: M. Thiers.

M. Thiers a oublié sa mission pour ne penser qu'à lui. Il a prôné la République sous prétexte que c'est le gouvernement qui nous divise le moins. Il aurait dû dire: « Contrairement aux opinions que j'ai professées toute ma vie, je préfère aujourd'hui la République parce qu'elle me laisse le premier rang. »

Il eût été plus sincère en s'exprimant de la sorte.

M. Thiers appliqua donc la maxime machiavélique : diviser pour régner ; et, aveuglé par l'ambition, alors que notre pauvre pays avait besoin d'union, il réussit à semer la division. L'Assemblée a accompli un véritable devoir en le renversant.

La majorité a institué un pouvoir nouveau, mais ce pouvoir provisoire ne peut pas arrêter dans le pays l'impulsion donnée à l'opinion publique par le gouvernement de M. Thiers.

Le danger est imminent, la Monarchie seule nous sauvera.

— Mais la Monarchie est impossible ! Tel est le cri général.

Examinons la valeur de cette exclamation poussée par des hommes à convictions peu solides, et répétée avec une joie frénétique par tous les révolutionnaires avérés ou honteux.

La Monarchie est impossible, disent-ils, à cause des prétentions du Roi !

Après cela, vous vous attendez sans doute à voir un prince imbu d'idées rétrogrades, affichant des prétentions incompatibles avec la société moderne : je n'ai qu'à renvoyer aux citations des lettres du Prince ; lui-même se charge de répondre à cette calomnie.

Pourquoi donc la Monarchie est-elle impossible ? — A cause du drapeau.

Certains Français, paraît-il, trouvent absurde que le Roi ait de la dignité.

Au mois d'octobre dernier, il avait été convenu que cette question du drapeau recevrait sa solution ultérieurement à la prise de possession du trône et *d'accord avec les représentants du peuple.*

On afficha cependant la prétention d'imposer au Roi le drapeau tricolore, et on trouve étonnant que le Roi ait protesté ! Mais en quel siècle vivons-nous donc ?

Le Roi a répondu que ses préférences étaient pour le drapeau blanc, parce que ce drapeau faisait partie du patrimoine national commun à lui et à la France. Eh bien ! il s'est trouvé des Français pour juger inexcusables ces préférences si légitimes.

Voilà pourquoi on expose la France à périr dans la Révolution.

— Nous ne voulons pas du drapeau blanc ! répondent certains députés des centres.

Eh bien ! croyez-vous que le Roi de France, le petit-fils de Louis XVI, puisse accepter le drapeau tricolore, le drapeau qui flottait sur l'échafaud inique qui a vu tomber la tête de son aïeul !

Croyez-vous donc que le Roi n'ait pas de sang français dans les veines pour accepter, aux dépens de sa fierté, de sa dignité, cet emblême de la Révolution !

Ah ! sans doute, ce drapeau a été longtemps celui de

la France, et s'il a vu les sombres jours de notre histoire, il a vu aussi des jours glorieux : à l'ombre de ses plis sont morts bravement pour la patrie nos soldats victorieux ou trahis par la fortune. Dieu me garde de lui jeter de la boue ou la plus légère insulte.

Je m'incline respectueusement devant lui (imitant en cela Henri V lui-même), parce qu'après tout, ce drapeau est teint du sang de nos soldats, a abrité et abrite encore des gloires françaises.

Je reste donc ferme royaliste en éprouvant pour le drapeau tricolore un sentiment de respect.

Mais, je le demande à tout homme sans parti-pris, à tout cœur honnête, pouvait-on demander au Roi quelque chose de plus?

Il ne peut pas accepter le drapeau tricolore, car, je le répète, ce drapeau lui rappelle un souvenir cruel. La lettre du 27 octobre a été interprétée dans le sens suivant : le comte de Chambord pose comme condition *sine quâ non* l'acceptation du drapeau blanc.

Il y a malentendu. Le Roi a une idée trop juste du principe monarchique pour vouloir absolument nous imposer le drapeau blanc de sa seule autorité personnelle.

Il nous a dit qu'il ne pouvait pas accepter le drapeau tricolore, et que ses préférences d'affection étaient pour le drapeau blanc.

Si maintenant, le Roi reconnu et une fois sur le trône, l'Assemblée refusait d'accepter le drapeau blanc, le Roi, de son côté, refusant le drapeau tricolore, il y aurait lieu à une combinaison, à rechercher une solution compatible avec l'honneur du Roi et de la nation.

Je ne doute pas un instant qu'en fait d'honneur le Roi et l'Assemblée ne finissent toujours par s'entendre.

Après la lettre du 27 octobre, les négociations entamées furent brusquement rompues, à la grande joie des révolutionnaires de toute nuance et de toute couleur ; au milieu du désarroi général, et pour ne pas exposer le pays à n'avoir qu'un gouvernement tout à fait incertain, eut lieu le vote de la loi du 20 novembre.

Cette loi, les royalistes sauront la respecter. A ce sujet, ils sont parfaitement unis, parfaitement d'accord, depuis M. Dahirel jusques à M. de Kerdrel ; mais la question du définitif est réservée, et c'est le devoir de l'Assemblée de la trancher.

Or, l'état du pays réclame le retour à la Monarchie nationale ; son rétablissement s'impose aux députés comme la plus sainte, la plus sacrée des obligations comprises dans leur mandat.

—Mais, répète-t-on, l'Assemblée a dit trop formellement qu'elle voulait le maintien du drapeau tricolore pour pouvoir aujourd'hui reculer. Le Roi, de son côté, s'est aussi engagé trop avant dans sa lettre du 27 octobre : le Roi et l'Assemblée ne seront jamais d'accord sur cette question.

Je viens d'indiquer comment, selon moi, l'accord était possible sur les bases d'un nouveau drapeau.

Pour nous, la question du drapeau tricolore maintenue ou non, est une pure question de forme ; pour le Roi, ce drapeau est inacceptable.

J'ai dit que, pour nous, c'était pure question de forme, et voici pourquoi :

Le drapeau tricolore est l'emblème des réformes de 1789. Eh bien, on supprime l'emblème, mais on conserve les réformes. On conserve même le suffrage universel qui, aujourd'hui, est devenu un droit, car tous les Français paient l'impôt direct ou indirect, et tous également l'impôt du sang.

Le Roi ne redoute pas le suffrage universel, parce que le suffrage universel n'a pas le droit d'attaquer son principe sans tomber sous le coup de la loi : or, les leçons de l'histoire sont trop nombreuses pour qu'un Roi puisse hésiter aujourd'hui à faire emploi de la force dans l'intérêt et pour la sauvegarde du Droit national.

La France demande la stabilité à cor et à cri ; eh bien, la stabilité n'est que dans le principe d'hérédité.

Si nous ne sommes pas capables de l'accepter et de le respecter, alors que celui qui en est le dépositaire nous promet les institutions nécessaires pour *contrôler sévèrement et sérieusement* les actes du gouvernement, c'est que nous sommes bien irrémédiablement perdus.

Une nation qui ne sait marcher avec qui la conduit en respectant sa liberté et sa dignité, et préfère à ce loyal régime le règne de la rue ou le despotisme de César, dont toute la politique consiste à lui faire peur, à l'asservir, cette nation est à la veille de disparaître, absorbée par ses ennemis du dehors aveuglément aidés par ceux du dedans.

CHAPITRE VIII

CONCLUSION

Ma conclusion est, qu'en présence du flot montant de la Révolution, le rétablissement de la Monarchie nationale s'impose à l'Assemblée comme une mesure de salut public.

— Mais, direz-vous, la question du drapeau que vous

venez de traiter, la seule en apparence qui s'oppose à la restauration d'Henri V, n'est-elle pas réglée définitivement par la lettre du 27 octobre ? Vous venez de donner des raisons tirées du principe :

Lex fit consensu populi et constitutione régis.

C'est très bien ; mais le Congrès de Tours est là pour vous répondre que votre doctrine n'est pas en harmonie avec les sentiments des royalistes et du Roi lui-même.

A mon avis, le congrès de Tours, où se sont trouvés en majorité les partisans résolus du drapeau blanc, est une manifestation fort légitime des organes de la presse de province. Je la trouve d'autant plus légitime que je m'y associe pleinement, mes préférences personnelles étant pour ce drapeau, auquel je suis sincèrement attaché et que je chercherai à faire triompher par tous les moyens en mon pouvoir.

Je n'en suis pas moins de l'avis de la minorité de ce congrès, à savoir : que du moment où il y a désaccord à ce sujet entre la majorité de l'Assemblée et le Roi, c'est affaire à débattre entre le Roi et l'Assemblée.

En cette question, comme en toute autre, les préférences personnelles restent parfaitement libres, ainsi que les moyens de les faire triompher, jusqu'à ce que la solution définitive ait été donnée par les pouvoirs publics.

Je le répète, la question du drapeau ne peut pas être absolument cause de la ruine de la France.

Cela répugne, cela choque la raison, cela est moralement impossible.

Au fond n'y aurait-il pas une question plus sérieuse derrière cette question déjà si ardue du drapeau ?

N'y aurait-il pas là un prétexte dont se sert amoureusement une coterie à laquelle semble déplaire plus ou moins la restauration d'Henri V ?

C'est à regret que je formule cette interrogation, car aucun homme politique en France ne devrait laisser soupçonner que des sentiments purement personnels peuvent faire hésiter sur le chemin du devoir. Aussi j'espère que ces appréhensions sont imaginaires et qu'on les fera tomber entièrement, par la reprise des négociations interrompues, avec le désir sincère, ardent et loyal de la seule solution conforme aux traditions nationales.

Les princes ont fait leur devoir, à leurs partisans dans l'Assemblée de les suivre.

Les politiques hésitants se rattachent, se cramponnent avec fureur aux pouvoirs du maréchal de Mac-Mahon : par des détours adroits, des feintes habiles, des sophismes plus ou moins spécieux, ils essayent de maintenir et d'organiser le provisoire actuel avec quelques palliatifs destinés à endormir la vigilance des royalistes décidés.

On les a vus offrir de leur plein gré une part de pouvoir aux renégats de la Monarchie, à ceux qui n'ont de sympathies réelles que pour leurs égoïstes personnalités, à ces eunuques dont toute la virilité politique consiste à ne pas avoir de convictions.

A défaut de convictions, ces Messieurs du centre gauche ont d'étranges opinions bien faites pour faire douter de leur sens moral. Ils vous avouent d'un air modeste qu'ils sont républicains, bien qu'ils reconnaissent la grande difficulté d'établir solidement la République en France. Pour cela faire, ils comptent sur leur habileté d'abord, sur la sagesse des républicains (?) ensuite. Oh! ils ont surtout une foi robuste en leur habileté.

C'est en vain que vous leur rappelez l'incident Barodet et Ranc. — Oh! que voulez vous, répondent-ils, ils n'y reviendront pas, *nous les tiendrons*. Tenez, voyez l'élection Rémusat !

Jusqu'ici j'avais cru que l'élection Rémusat n'avait fait que démontrer l'influence radicale, puisque les républicains *rosats* n'auraient pu faire passer ce personnage nébuleux sans les radicaux.

Puis est venue l'élection Marcou, Ledru-Rollin et

autres. On a beau faire, on ne peut altérer leur confiance.

Vraiment, si tant de confiance était réelle, ces hommes seraient fous, et on peut bien se demander s'ils ne courent pas le danger de devenir fous furieux. Ils ont, en effet, un appétit qui va toujours se développant et qui pourrait bien à la longue engendrer une fureur : la fureur des places et des ministères. Chez eux, cet appétit domine.

Ils cachent ces ardeurs faméliques sous les dehors d'un amour mystérieux pour la République.

Il paraîtrait, d'après eux, que ce gouvernement de bonheur est celui qui nous divise le moins. Nous sommes redevables de cette précieuse découverte à leur chef de file : nous lui en devons d'autant plus une immense reconnaissance qu'il a passé les neuf dixièmes de sa vie à la recherche de ce nouveau dogme.

La République, le gouvernement qui nous divise le moins ! ce gouvernement qui existe précisément parce que nous sommes divisés et qui est l'épanouissement de toutes nos divisions ! ce gouvernement qui laisse le champ ouvert à toutes les compétitions, à toutes les convoitises, sans rien mettre au-dessus de ces fébriles ardeurs que le suffrage universel !

J'ai peine à le croire, et j'espère que le centre gauche me pardonnera ce léger doute. Il me pardonnerait peut-être moins facilement si j'osais émettre l'opinion qu'il ne parle pas sérieusement en professant une doctrine aussi pyramidale.

Cependant il ne peut pas en être autrement, car l'expérience de la République est toute faite : République rouge en 93, République modérée en 48, République patriotique en 70, République des nouvelles couches en 71, République rosat ou dite conservatrice sous la direction, couronnée d'insuccès, de M. Thiers et du centre gauche aux affaires.

Toutes ces variétés, tous ces bariolages de la République sont définitivement condamnés par ceux qui mettent la patrie au-dessus de leurs convoitises.

J'espère donc que, réflexion faite, le centre gauche mettra sous les pieds ce faux amour-propre qui consiste à soutenir une mauvaise cause uniquement parce qu'on a eu un instant la faiblesse d'esprit de la croire bonne.

Au fond, le centre gauche n'est pas méchant ; mais, voyez-vous, il a son petit amour-propre, et possède une susceptibilité des plus farouches. Il se souvient toujours que les royalistes lui ont arraché les ministères. Si la Monarchie lui garantissait les portefeuilles, elle n'aurait pas de défenseurs plus dévoués.

Quant à l'Empire, malgré ses fautes et avec un aplomb qui rappelle le mot de Danton : « De l'audace, encore de l'audace et toujours de l'audace », il essaye de lever la tête, servi admirablement en cela par le désarroi des royalistes.

Avant tout la France veut du définitif.

Pour faire rentrer l'Empire au silence, il n'est besoin que d'une chose : l'union des royalistes.

Le jour où les royalistes seront unis et auront enfin donné au pouvoir son caractère national, lorsque ce caractère aura été consacré par eux et sera ainsi devenu indiscutable, j'espère bien que l'on ne pourra plus nous parler d'un quatrième Napoléon.

Les deux sur trois que la fatalité conduisit sur le trône nous ont donné un spécimen de gouvernement dont nous garderons longtemps la mémoire. Du reste, les impôts et notre frontière éventrée sont là pour nous en faire souvenir.

Que la dynastie impériale dorme à jamais dans la tombe où l'a jetée le mépris public et que lui avaient creusée son ambition, sa politique anti-française, la honte de sa chute.

Un marbre gigantesque, sur lequel est gravé ce mot néfaste :

« SEDAN »,

trop lourd pour que les épaules du quatrième Napoléon puissent le soulever, pèse sur cette tombe. Si jamais Dieu permettait que la France aveugle ou en démence, voulant ouvrir ce tombeau pour en extraire un César, essayât de relever ce marbre d'infamie, elle serait elle-même écrasée par ce poids de honte. Dieu aurait décidé que la France doit périr, et nous pleurerions avec des larmes de sang la fin de notre chevaleresque patrie.

Si les amis de la famille impériale aiment leur pays, ils agiront très bien, dans leur intérêt et dans celui de nous tous, en faisant le moins de bruit possible autour du sépulcre de Chislehurst. Qu'ils y pleurent en silence, je respecterai leur douleur. L'attachement aux membres d'une famille princière frappée par le destin est un sentiment trop respectable pour que tout honnête homme ne se sente pas désarmé en face de lui.

Mais de grâce : silence !

Je ne parlerai pas de cette éclosion qui perce dans l'ombre et les bas-fonds. Vive Dieu ! nous n'aurions donc plus de sang gaulois dans les veines, et la terre de France serait-elle si pauvre de sang pur et princier que l'on parle d'un César fangeux se vautrant dans la boue du ruisseau ! Oui, on a osé prononcer le nom du prince Jérôme, de celui qui, dans ses orgies dégoûtantes, jetait, le vendredi-saint, en compagnie d'autres singes perfectionnés, des saucisses à la tête d'un crucifix.

Français ! non, le levain révolutionnaire ne nous a pas tellement pénétrés et corrompus que nous hésitions entre cette belle Maison de France si nombreuse, si riche en princes braves, généreux, accomplis, et la dynastie impériale composée d'un collégien de dix-huit ans, sans postérité assurée, et d'un prince-héritier, dont le nom seul est en France considéré comme le contraire d'un compliment.

Ce titre de souverain, qu'ils te décernent en se moquant de toi, te troublerait-il la raison, pauvre peuple abusé, jusqu'à te faire oublier les humiliations sanglantes par toi subies depuis près d'un siècle que dure ton illusoire souveraineté !

Que l'on ne vienne pas nous parler de paix, de démocratie et d'autorité, de tout par le peuple et pour le peuple, nous connaissons la valeur de ces protestations, de ces serments si vite oubliés et violés, de ces promesses pompeuses dans le genre du fameux :

L'Empire c'est la paix !

Le seul obstacle sérieux que je reconnaisse au rétablissement de la Monarchie nationale, est dans la prétention de faire des pouvoirs du maréchal de Mac-Mahon, non une institution personnelle, mais une sorte de stathoudérat. Ce biais ingénieux, imaginé par les timides, qui semblent fuir une solution claire et nette, est en somme la reprise en sous-œuvre de cette autre production de l'insipide centre gauche : organiser la République sans la proclamer.

On a beau se tourner et se retourner, bon gré, mal gré, cette Assemblée ne peut faire autrement que de constituer un définitif sérieux. Elle a reçu ce mandat, son honneur est engagé.

Les timides se retranchent derrière le maréchal de Mac-Mahon en disant : « Nous avons prorogé les pouvoirs du président pour sept ans, nous ne pouvons donc pas faire la Monarchie. »

Ce n'est là qu'un subterfuge spécieux. Encore une fois, au 20 novembre, la question du définitif a été réservée ; il faut la trancher. La déclaration de M. Cazenove de Pradines est venu expliquer le sens de la prorogation.

On répond : Mais il n'appartient qu'au maréchal de parler. C'est incontestable, et nous n'avons garde d'y contredire.

Le devoir de l'Assemblée n'en est pas moins de proclamer la Monarchie.

Les sept ans du maréchal sont irrévocables : soit. Si le maréchal veut faire attendre le Roi sept ans, eh bien, le Roi sera le premier à respecter la loi : il attendra.

Les pouvoirs et les droits de la Monarchie consacrés par l'Assemblée seront en des mains trop loyales pour que nous ne soyons pas pleinement rassurés.

Le maréchal est libre et reste libre, quoi qu'il survienne, de garder ou de remettre le pouvoir.

Pour se déterminer, il n'a qu'à prendre conseil de sa conscience : nous nous en rapportons à ce sujet pleinement à lui.

Du reste, ce qui précède ne saurait rien exprimer que tout le monde ne connaisse parfaitement. L'Assemblée a montré quelle était sa confiance en notre brave maréchal, en lui remettant le pouvoir sans souci du lendemain, sans l'ombre d'une suspicion.

Oui, si l'Assemblée est réellement pénétrée de la situation très fausse, faite à la France par le provisoire au sein des nations de l'Europe, elle fera la Monarchie.

La Monarchie seule, par son principe de vie et de stabilité, nous rendra la place qui nous est due dans le monde. Avec le Roi, nous ne serons plus isolés et comme en suspicion auprès des souverains d'Europe.

Les sociétés qui nous environnent reposent sur le principe héréditaire, et le principe électif triomphant chez nous rendrait impossible à notre diplomatie la poursuite d'un but politique constant. Il faut être aveugle pour ne pas voir que les entrevues des empereurs de Russie, de Prusse, d'Autriche-Hongrie, du roi d'Italie, de la reine d'Angleterre, sont destinées à former comme une barrière sanitaire contre la propagation de l'idée révolutionnaire.

Ecrasés par les folies de la République et de l'Empire, sans frontières fortifiées, sans défenses contre l'invasion, nous ne pouvons soutenir notre rang et notre influence que par des alliances ayant pour elles le lendemain, par un pouvoir stable permettant à la richesse nationale de se développer en toute sécurité.

Des institutions précaires subordonnées à l'existence d'un homme, aux éventualités menaçantes des caprices du Nombre, aux assauts audacieux du parti radical, sont incapables de nous donner la stabilité, la confiance et la force.

J'ai donc pleine assurance que cette année verra renaître l'Institution qui fit la France si prospère, si puissante, si influente, cette Institution nationale sans laquelle, depuis la Révolution, nous perdons notre prestige, nos provinces, nos forteresses et nos milliards.

Aussi je ne crois pas pouvoir mieux terminer cet ouvrage qu'en criant :

VIVE LE ROI !

VIVE LA FRANCE !

APPENDICE

Ce qui précède était écrit avant le 16 mai : depuis la chute du ministère de Broglie, les événements marchent. Les partis s'émiettent et se subdivisent; les partisans de la démocratie menacent de s'entre-dévorer, et leurs scandaleuses discussions nous disent assez que la guerre civile est à nos portes si l'Assemblée ne constitue pas un définitif indiscutable.

D'après les bruits en circulation, le centre droit tend à s'allier avec le parti Thiers : de compromis en compromis, où donc allons-nous aller ? Le péril grandit, le pays fatigué se rejette vers le césarisme : il faut aviser sans retard.

Les masses ne raisonnent pas les principes, mais suivent des courants d'opinion déterminés par le souci de leurs intérêts matériels.

Aujourd'hui deux courants se divisent la France : le courant radical et le courant césarien.

Cela est d'autant plus surprenant, qu'au moment suprême, en 1871, alors qu'il s'agissait pour la

France d'une question de vie ou de mort, ces deux courants ont été universellement refoulés : le courant anti-révolutionnaire avait instinctivement emporté les masses. Les hommes portés au pouvoir par ce mouvement avaient une mission, celle de sauver la France de ses ennemis extérieurs et intérieurs. Jusqu'au 24 mai, M. Thiers était l'obstacle ; à cette date l'obstacle fut écarté. Jusqu'au 5 août on pouvait arguer que la Monarchie était divisée : à cette date la division a fait place à l'union.

On fit alors une tentative de Monarchie : pour des raisons ci-dessus examinées, cette tentative a échoué.

Aujourd'hui donc, que faire ?

Il faut une solution : le maréchal est un abri provisoire, mais n'est pas une solution.

Or, l'opinion publique réclame hautement et impatiemment une solution nette.

Je le répète, les masses ne raisonnent pas les principes : on leur dit sur tous les tons que la Monarchie est impossible, elles se retournent alors vers le césarisme.

Je lisais dernièrement le *Journal de Paris*, lequel prétend avec amertume que le comte de Chambord a rendu la Monarchie impossible. Est-ce sérieux ? Comment, vous reprochez au comte de Chambord de préférer le drapeau blanc au salut de la France ! et vous-mêmes, ne préférerez-vous pas le drapeau tricolore à la tranquillité du pays.

Etes-vous monarchistes, oui ou non ?

Oui ou non, croyez-vous que le principe monarchique soit en France un des éléments de l'autorité légitime ?

Si oui, une question de forme ne doit pas vous arrêter. Vous me repondrez alors : Cette question arrête bien M. le comte de Chambord ! Oui, car cette question de forme est pour lui une question de dignité : le drapeau que l'on voudra, à part le drapeau tricolore, qui a flotté sur l'échafaud de Louis XVI ! On ne voit donc pas que l'extrémité de ce drapeau a traîné dans le sang !

Continuez à vous entêter, ô monarchistes tricolores ! continuez, et avant longtemps Napoléon IV sera sur le trône.

Si ce quatrième Napoléon sombre avec la France dans une quatrième invasion, ce ne sont pas les Bonaparte que la France maudira le plus, mais ces hommes à cervelle étroite, à passions mesquines, qui l'auront forcée de se donner à César pour échapper à la Révolution anarchique.

L'Assemblée a une mission à remplir, celle de donner au pays un gouvernement définitif : si elle ne peut pas remplir cette mission, son devoir est de rendre la France à elle-même après le vote de la loi électorale et la loi municipale. Les royalistes, sous aucun prétexte, ne peuvent prêter la main à l'établissement d'une République franche ou honteuse sans mentir à leurs convictions, à leur foi politique, à leur pays et à leur Roi.

Bordeaux. — Imprimerie Nouvelle A. Bellier, rue Cabirol, 16.

www.ingramcontent.com/pod-product-compliance
Ingram Content Group UK Ltd.
Pitfield, Milton Keynes, MK11 3LW, UK
UKHW020334230726
13925UKWH00002B/785

9 782019 169565